Caderno do Futuro

A evolução do caderno

MATEMÁTICA

7º ano
ENSINO FUNDAMENTAL

3ª edição
São Paulo – 2013

IBEP

Coleção Caderno do Futuro
Matemática
© IBEP, 2013

Diretor superintendente	Jorge Yunes
Gerente editorial	Célia de Assis
Editor	Mizue Jyo
Assistente editorial	Edson Rodrigues
Revisão	Maria Inez de Souza
Coordenadora de arte	Karina Monteiro
Assistente de arte	Marilia Vilela
	Nane Carvalho
	Carla Almeida Freire
Coordenadora de iconografia	Maria do Céu Pires Passuello
Assistente de iconografia	Adriana Neves
	Wilson de Castilho
Produção gráfica	José Antônio Ferraz
Assistente de produção gráfica	Eliane M. M. Ferreira
Projeto gráfico	Departamento de Arte Ibep
Capa	Departamento de Arte Ibep
Editoração eletrônica	N-Publicações

CIP-BRASIL. CATALOGAÇÃO-NA-FONTE
SINDICATO NACIONAL DOS EDITORES DE LIVROS, RJ

S58m
   3. ed

Silva, Jorge Daniel
   Matemática, 7º ano / Jorge Daniel da Silva, Valter dos Santos Fernandes, Orlando Donisete Mabelini. - 3. ed. - São Paulo : IBEP, 2013.
   il. ; 28 cm   (Caderno do futuro)

ISBN 978-85-342-3585-3 (aluno) - 978-85-342-3589-1 (professor)

   1. Matemática (Ensino fundamental) - Estudo e ensino.
I. Fernandes, Valter dos Santos. II. Mabelini, Orlando Donisete. III. Título. IV. Série.

12-8692.   CDD: 372.72
                                                        CDU: 373.3.016:510

27.11.12   03.12.12   041086

Impressão Leograf - Maio 2024

3ª edição – São Paulo – 2013
Todos os direitos reservados.

IBEP

Av. Alexandre Mackenzie, 619 – Jaguaré
São Paulo – SP – 05322-000 – Brasil – Tel.: (11) 2799-7799
www.editoraibep.com.br – editoras@ibep-nacional.com.br

SUMÁRIO

CAPÍTULO 1 – CONJUNTO DOS NÚMEROS INTEIROS Z

1. O conjunto dos números inteiros (Z) 4
2. Sucessor e antecessor de um número inteiro 8
3. Números opostos ou simétricos 9
4. Números consecutivos 10
5. Valor absoluto ou módulo 10

CAPÍTULO 2 – OPERAÇÕES EM Z

1. Adição de dois números inteiros de mesmo sinal 12
2. Adição de dois números inteiros de sinais diferentes 13
3. Subtração de dois números inteiros 14
4. Resolução de expressões numéricas 15
5. Multiplicação de dois números inteiros 16
6. Divisão de dois números inteiros 19
7. Expressões numéricas 20
8. Potenciação de números inteiros 21
9. Raiz quadrada de um número inteiro 24

CAPÍTULO 3 – NÚMEROS RACIONAIS

1. O conjunto dos números racionais 25
2. Adição e subtração com frações 25
3. Adição e subtração de números decimais 27
4. Multiplicação e divisão de frações 28
5. Multiplicação e divisão de números decimais 30
6. Expressões numéricas com números racionais 31
7. Potenciação de números racionais 33
8. Raiz quadrada de um número racional 36
9. Expressões numéricas com números racionais 36

CAPÍTULO 4 – EQUAÇÕES ALGÉBRICAS

1. Equações 39
2. Equação de 1º grau 48
3. Problemas com equações de 1º grau 49

CAPÍTULO 5 – INEQUAÇÕES

1. Inequação 56
2. Resolução de uma inequação de 1º grau 57

CAPÍTULO 6 – SISTEMAS DE EQUAÇÕES

1. Técnicas operatórias para resolução de sistemas 62
2. Sistema de equações com números fracionários 69
3. Problemas com equações de 1º grau com duas variáveis 71

CAPÍTULO 7 – RAZÕES E PROPORÇÕES

1. Razão entre duas grandezas 74
2. Velocidade média 74
3. Densidade demográfica 75
4. Escala 75
5. Proporção 76

CAPÍTULO 8 – GRANDEZAS PROPORCIONAIS

1. Regra de três 79
2. Regra de três simples 79
3. Regra de três composta 82

CAPÍTULO 9 – PORCENTAGEM E JURO

1. Porcentagem 85
2. Juro simples 88

CAPÍTULO 10 – GEOMETRIA

1. Ângulos 91
2. Conversão das unidades de medida de ângulos 92
3. Operações com medidas de ângulos 93
4. Ângulo reto, ângulo agudo e ângulo obtuso 96
5. Ângulos congruentes 97
6. Ângulos complementares e ângulos suplementares 97
7. Triângulos 101
8. Quadriláteros 103
9. Circunferência 105
10. Arco, corda e diâmetro 105
11. Sólidos geométricos 111
12. Corpos redondos 113

CAPÍTULO 1 – CONJUNTO DOS NÚMEROS INTEIROS Z

1. Conjunto dos números inteiros (Z)

No conjunto dos números naturais N = {0, 1, 2, 3, 4, 5,...}, as subtrações em que o minuendo é menor que o subtraendo são impossíveis, pois o resultado não pertence a esse conjunto.
Exemplo: 4 – 7 = ?

No conjunto dos números inteiros (Z) essa operação é possível.

O conjunto Z é formado pelo conjunto dos números naturais com seus respectivos opostos (negativos).

Z = {..., –3, –2, –1, 0, 1, 2, 3, ...}

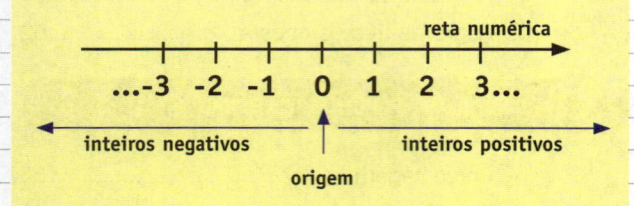

reta numérica
...-3 -2 -1 0 1 2 3...
inteiros negativos | inteiros positivos
origem

- O número –8 lê-se oito negativo.
- O número +3 lê-se três positivo.

1. Considerando o conjunto dos números naturais N = {0, 1, 2, 3, 4, 5, ...}, classifique as operações em **possível** ou **impossível**. Quando possível, calcule o resultado.

a) 4 – 1 =
b) 7 – 11 =
c) 8 + 12 =
d) 0 – 9 =
e) 1 – 0 =
f) 7 – 7 =

2. Escreva como se lê estes números.

a) –6
b) +5
c) –9
d) 0

3. Comumente, os valores de temperaturas negativas são indicadas pela expressão "abaixo de zero" e as positivas pela expressão "acima de zero". Então, "5°C abaixo de zero" corresponde a –5°C e "20°C acima de zero" corresponde a +20°C.

Escreva os números que representam estas temperaturas.

a) 8°C abaixo de zero
b) 37°C acima de zero
c) 32°C abaixo de zero
d) 5°C acima de zero

4. Em uma conta bancária os saldos negativos representam "débitos" e os positivos, "créditos". Assim, um débito de R$ 600,00 indica-se por –600 e um crédito de R$ 800,00, por +800, por exemplo.

Escreva os números que representam os saldos positivos ou negativos das contas apresentadas.

a) crédito de R$ 2 000,00

b) débito de R$ 500,00

c) débito de R$ 1 000,00

d) crédito de R$ 10,00

5. O quadro a seguir apresenta o extrato da conta de Beatriz. Calcule seu saldo ao final do dia 10 de março.

data	movimentação
06/03	+800 (saldo)
09/03	+300 (depósito)
10/03	–500 (retirada)

6. O altímetro é um aparelho que registra altitudes. São positivas as altitudes acima do nível do mar e negativas as que estão abaixo. Indique com o número as altitudes positivas ou negativas apresentadas.

a) Um avião está, aproximadamente, 1 800 m acima do nível do mar.

b) Um submarino está 200 m abaixo do nível do mar.

7. O edifício Brisamar tem 19 andares e 2 subsolos. No painel dos elevadores desse prédio aparecem o zero, números positivos e negativos.

a) Qual número o painel dos elevadores indica quando está no térreo?

b) O primeiro subsolo é indicado por –1 no painel dos elevadores. Qual a indicação do segundo subsolo?

8. O quadro mostra os resultados de uma rodada de um campeonato envolvendo os times Palmeiras, Flamengo e Grêmio.

1º jogo	Palmeiras	3 × 1	Flamengo
2º jogo	Grêmio	1 × 2	Flamengo
3º jogo	Palmeiras	2 × 3	Grêmio

O regulamento estabelece que, em caso de empate no número de vitórias, o campeão será o time que obtiver o maior saldo de gols (diferença entre o número de gols marcados e o número de gols sofridos). Responda:

a) Qual o saldo de cada time em cada jogo e o saldo final?

	1º jogo	2º jogo	3º jogo	saldo final
Palmeiras				
Flamengo				
Grêmio				

b) Qual o time campeão?

9. A Holanda é um país da Europa que apresenta parte de seu território abaixo do nível do mar. Ycaro visitou uma cidade 5 m abaixo do nível do mar e foi, em seguida, visitar outra 245 m acima do nível do mar.

a) Represente as altitudes das duas cidades com números positivos e negativos.

1ª cidade:
2ª cidade:

b) Qual a diferença de altitude entre essas duas cidades?

10. Em determinada manhã de inverno da cidade de Gramado, a temperatura verificada foi de –2 ºC. Durante a tarde desse mesmo dia, a temperatura subiu 4 ºC e, durante a noite, caiu 7 ºC. Que temperatura marcava o termômetro na manhã seguinte?

Subconjuntos de Z

Os números 0, –1, –2, –3, –4, ... chamam-se **inteiros não-positivos** e são representados por:

$Z_- = \{..., -4, -3, -2, -1, 0\}$.

Os números 0, 1, 2, 3, ..., que também são escritos 0, +1, +2, +3, ..., chamam-se **inteiros não-negativos** e são representados por:

$Z_+ = \{0, 1, 2, 3, ...\}$, que é o próprio conjunto dos números naturais, ou seja, $Z_+ = N$.

Observe:
a) $Z_- \cup Z_+ = Z$
b) $Z_- \cup Z_+ = \{0\}$
c) $Z^* = \{..., -3, -2, -1, 1, 2, 3, ...\}$ é o conjunto dos números inteiros não-nulos (sem o zero).

11. Escreva cada conjunto numérico com no mínimo 5 elementos.

a) N
b) N
c) Z
d) Z^*
e) Z^*_+
f) Z^*_-

12. Determine se as afirmações são verdadeiras, (V) ou falsas, (F).

a) $0 \in Z$ ☐
b) $-5 \in N$ ☐
c) $8 \in Z^*_+$ ☐
d) $-1 \in Z$ ☐
e) $-1 \in Z^*$ ☐
f) $-1 \in Z^*_-$ ☐

13. Na reta numérica, um número localizado **à direita** de outro é **maior** que o que está localizado à sua esquerda. Assim, –6 > –8, pois –6 está à direita de –8. Escreva nos parênteses V ou F.

a) 0 > –2 ☐
b) –5 < –16 ☐
c) –82 < –45 ☐
d) –36 > –76 ☐
e) –100 < –200 ☐
f) –1 000 > –100 ☐

14. O esquema a seguir mostra uma reta numérica, em que as letras A, B, C e D, representam números inteiros. Observe a localização do zero, responda e justifique os itens que seguem.

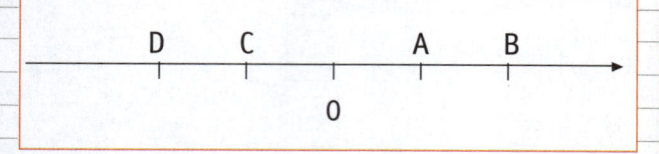

```
    D   C       A   B
————|———|———|———|———|————→
            0
```

a) O número A é negativo?

b) O número D é negativo?

c) O número B é positivo?

d) C > D?

e) A < B?

f) Qual o maior desses números?

g) Qual o menor desses números?

2. Sucessor e antecessor de um número inteiro

> O sucessor de um número inteiro é o inteiro que está imediatamente à sua direita. É o número que vem depois.
> Exemplo: o sucessor de –10 é –9 e o sucessor de 5 é 6.
>
> O antecessor de um número inteiro é o inteiro que está imediatamente à sua esquerda. É o número que vem antes.
> Exemplo: o antecessor de –8 é –9 e o antecessor de 10 é 9.

15. Escreva estes números inteiros em ordem crescente utilizando os sinais de < e >.

$$-15,\ 8\ ,\ 3\ ,\ -11\ ,\ 10\ e\ -6$$

16. Responda.

a) Qual é o sucessor de 14?

b) Qual é o sucessor de –11?

c) –4 é sucessor de qual número?

d) Qual é o sucessor de –1?

e) Todo número inteiro tem sucessor?

17. Responda.

a) Qual é o antecessor de 12?

b) Qual é o antecessor de −15?

c) −2 é antecessor de qual número?

d) Qual é o antecessor de 1?

e) Todo número inteiro tem antecessor?

18. Eliane marcou em uma reta númerica um número 8 unidades para a direita a partir do número −9. Qual número Eliane marcou?

3. Números opostos ou simétricos

Números **opostos** ou **simétricos** são aqueles que estão localizados na reta numérica à mesma distância do zero.
Exemplo: o número 3 e o número −3 são opostos.

19. Responda.

a) Qual é o simétrico de 10?

b) Qual é o simétrico ou oposto de −1?

c) Qual é o oposto do oposto de 10?

d) Qual é o simétrico ou oposto de zero?

20. Qual é o número que tem simétrico igual ao sucessor de −6?

21. Qual é o número que tem oposto igual ao antecessor de 8?

22. Resolva.

a) Qual é o antecessor de −15?

b) Qual é o sucessor de −100?

c) Qual é o número que tem simétrico igual ao antecessor de 13?

d) Qual é o número que tem oposto igual ao sucessor de −40?

e) Qual é o oposto do antecessor de −20?

f) Qual é o simétrico do sucessor de 0?

g) Qual é o oposto do simétrico de 15?

h) Qual é o sucessor do antecessor de 5?

4. Números consecutivos

> Um número e seu antecessor, ou um número e seu sucessor formam pares de números consecutivos.
> Exemplo: 5 e 6 são números consecutivos.

23. Responda.

a) Qual é o consecutivo de –5? ⬚

b) Qual é o consecutivo de –10? ⬚

c) Qual é o consecutivo de 0? ⬚

d) –4, –3, –2 são consecutivos? ⬚

24. Escreva um par de números consecutivos de forma que:

a) ambos sejam positivos.

b) ambos sejam negativos.

c) um seja positivo e outro negativo (nessa ordem).

25. Escreva um trio de números consecutivos de forma que:

a) os três sejam positivos.

b) os três sejam negativos.

c) somente um dos três seja negativo.

d) somente um dos três seja positivo.

5. Valor absoluto ou módulo

> O **valor absoluto** ou **módulo** de um número é o valor desse número sem considerar seu sinal.
> | –3 | = 3 (lê-se: o módulo ou valor absoluto de três negativo é igual a três).
> | +7 | = 7 (lê-se: o módulo ou valor absoluto de sete positivo é sete).

26. Determine o valor de:

a) | –1 | = ⬚

b) | +5 | = ⬚

c) | –10 | = ⬚

d) | 7 | = ⬚

e) | 6 | = ☐

f) | 0 | = ☐

27. Determine se as sentenças a seguir são verdadeiras (V) ou falsas (F).

a) | –8 | = 8 ☐

b) | 0 | = 0 ☐

c) | 7 | = –7 ☐

d) O oposto de –10 é 10. ☐

e) O oposto de 6 é –6. ☐

f) O simétrico de –4 é 4. ☐

Sinal + e sinal –

O **sinal +**, antes de um número, pode ser dispensado, pois +5 = 5.

Já o **sinal –** indica que esse número é o **oposto** de outro.

• –(+5) indica o oposto de +5, que é –5, ou seja, –(+5) = –5

Exemplos:
+(–3) = –3
+(+7) = +7 = 7
–(–3) = +3 = 3
–(+7) = –7

28. Agora, elimine os parênteses destas expressões.

a) –(+8) = ☐

b) +(–9) = ☐

c) –(–2) = ☐

d) +(+4) = ☐

e) –(–3) = ☐

f) –(–a) = ☐

g) –(+a) = ☐

h) +(–x) = ☐

i) +(+x) = ☐

j) –(–x) = ☐

29. Determine se as sentenças são verdadeiras (V) ou falsas (F).

a) –(–3) é o oposto de –3. ☐

b) O oposto de –8 é +8. ☐

c) –(–2) é o oposto de 2. ☐

d) –9 indica o oposto de 9. ☐

CAPÍTULO 2 – OPERAÇÕES EM Z

1. Adição de dois números inteiros de mesmo sinal

1) Vamos calcular (+3) + (+5).

Na reta numérica, partindo do zero (origem), deslocamos 3 unidades para a **direita** e, desse ponto, deslocamos mais 5 unidades também para a **direita**, uma vez que os números são positivos.

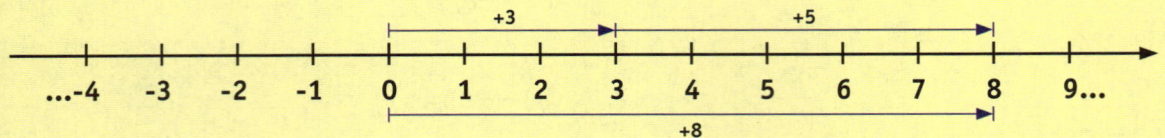

Então: (+3) + (+5) = +8 = 8

2) Vamos calcular (−3) + (−5).

Na reta numérica, partindo do zero (origem), deslocamos 3 unidades para a **esquerda** e, desse ponto, deslocamos mais 5 unidades também para a **esquerda**, uma vez que os números são negativos.

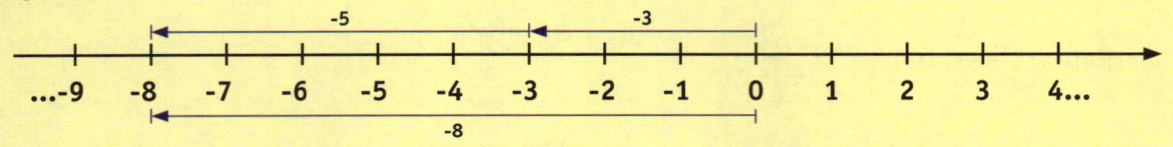

Então: (−3) + (−5) = −8

- Na adição de números inteiros de mesmo sinal, adicionamos os valores absolutos e conservamos o sinal comum.

1. Efetue as adições.

a) (+2) + (+3) =

b) (+1) + (+8) =

c) (+3) + (+11) =

d) (−1) + (−2) =

e) (−3) + (−2) =

f) 0 + (−2) =

g) (+7) + (+2) + (+5) =

h) (+4) + (+1) + (+8) =

i) (+3) + (+8) + (+15) =

j) (−8) + (−1) + (−2) =

k) (−9) + (−4) + (−3) =

l) (−10) + (−20) + (−30) =

2. Adição de dois números inteiros de sinais diferentes

1) Vamos calcular (−3) + (+7).

Na reta numérica, partindo do zero (origem), deslocamos 3 unidades para a **esquerda** e, desse ponto, deslocamos mais 7 unidades para a **direita**; uma vez que o primeiro número é negativo e o segundo, positivo:

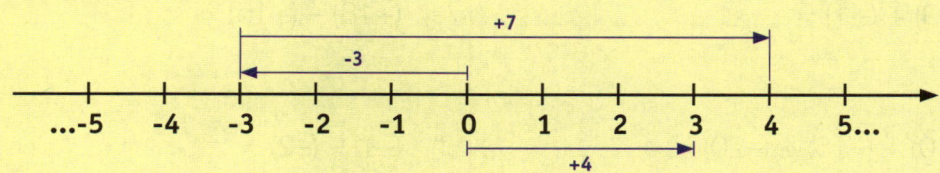

Então: (−3) + (+7) = +4 = 4

2) Vamos calcular (+3) + (−7).

Na reta numérica, partindo do zero (origem), deslocamos 3 unidades para a **direita** e, desse ponto, deslocamos 7 unidades para a **esquerda**, uma vez que o primeiro número é positivo e o segundo, negativo.

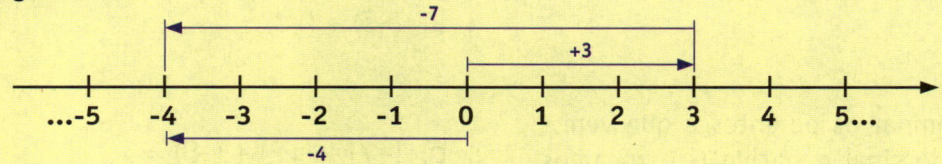

Então: (+3) + (−7) = −4

- Na adição de números inteiros de sinais diferentes, calculamos a diferença entre o número maior e o menor, e atribuímos o sinal do número maior ao resultado.

2. Calcule as adições.

a) (+8) + (−5) = ☐

b) (+15) + (−3) = ☐

c) (+10) + (−4) = ☐

d) (−12) + (+20) = ☐

e) (−30) + (+10) = ☐

f) (+1) + (−8) = ☐

g) (+3) + (−10) = ☐

h) (−4) + (+1) = ☐

i) (−8) + (+5) = ☐

j) (−3) + (+3) = ☐

3. Efetue estas adições.

A adição de mais de dois números inteiros de sinais diferentes deve ser feita por agrupamento. Exemplo:

(+3) + (−5) + (−7) =

= (−2) + (−7) = −9

a) (+8) + (−3) + (+7) =

b) (+1) + (−4) + (+10) =

c) (+2) + (–9) + (–8) =

d) (–5) + (–2) + (+3) =

e) (–12) + (–9) + (+1) =

f) (–8) + (+10) + (–15) + (–20) =

c) (–5) – (+8) =

d) (+10) – (–20) =

e) (+18) – (+15) =

f) (–1) – (–2) =

3. Subtração de dois números inteiros

- Para eliminar os parênteses que vem depois do sinal negativo (–) trocamos o sinal do número de dentro dos parênteses. Exemplo:

  (+8) – (+2) = +8 – 2 = +8 –2 = +6 = 6

- Para obter a diferença entre dois números inteiros, adicionamos ao primeiro o oposto do segundo. Exemplos:

  a) (+5) – (–3) = +5 + 3 = +8 = 8
  b) (–4) – (+1) = –4 –1 = –5
  c) (+3) – (–2) + (+7) =
     = +3 + 2 + 7 = 5 + 7 = 12

4. Efetue as subtrações.

a) (+3) – (+5) =

b) (+10) – (–9) =

5. Efetue as operações.

a) (–5) + (–3) =

b) (+7) + (+2) + (–8) =

c) (+15) + (–1) + (–7) =

d) (+8) + (+3) + (–10) =

e) (–5) – (–3) =

f) (+5) + (0) – (–5) =

g) (–12) – (+3) – (–20) =

h) (–5) + (–8) – (+5) =

4. Resolução de expressões numéricas

> Na resolução de expressões numéricas em que aparecem parênteses, colchetes e chaves, efetuamos as operações na seguinte ordem:
>
> 1º: resolvemos o que está nos parênteses, eliminando-os.
>
> 2º: resolvemos o que está nos colchetes, eliminando-os.
>
> 3º: resolvemos o que está nas chaves.
>
> Exemplos:
>
> a) $7 - (-8) =$
> $= 7 + 8 =$
> $= 15$
>
> b) $-[4 + (3 - 8) - 9] =$
> $= -[4 + (-5) - 9] =$
> $= -[4 - 5 - 9] =$
> $= -[-10] =$
> $= +10 = 10$
>
> c) $\{-5 + [7 - (3 + 1) - 10] + 2\} =$
> $= \{-5 + [7 - (+4) - 10] + 2\} =$
> $= \{-5 + [7 - 4 - 10] + 2\} =$
> $= \{-5 + [-7] + 2\} =$
> $= \{-5 - 7 + 2\} =$
> $= \{-10\} = -10$

b) $(13 - 4) - 8 =$

c) $12 - (7 - 3) =$

d) $(20 - 3) + (7 + 5) =$

e) $5 - [3 + (2 - 5)] =$

f) $3 - [5 - (4 - 6)] =$

g) $2 + [8 - (7 - 5) + 3] =$

h) $-8 + [4 - (7 - 13) - 1] + 5 =$

6. Resolva as expressões.

a) $5 + (3 - 1) =$

i) $1 - [5 + (1 - 9)] =$

j) –13 – [10 – (7 + 5)] =

k) {5 – [32 – (50 – 20)]} =

l) {16 – [12 + (20 – 25)]} =

m) 10 – {30 + [4 – (5 + 2)]} =

n) –2 – {5 – [3 – (–3 – 1)]} =

5. Multiplicação de dois números inteiros

- Quando os dois números têm sinais iguais: o produto é sempre um número positivo. Seu valor absoluto é igual ao produto dos números dados sem o sinal. Exemplos:
  - (+5) × (+2) = 5 · 2 = 10
  - (–1) × (–4) = + (1 × 4) = +4

- Quando os dois números têm sinais diferentes: o produto é sempre um número negativo. Seu valor absoluto é igual ao produto dos números dados sem o sinal. Exemplos:
  - (–3) · (+2) = – (3 · 2) = –6
  - (+2) · (–4) = – (2 · 4) = –8

7. Efetue as multiplicações.

a) (+3) · (+2) =

b) (+8) · (+3) =

c) (+7) · (+1) =

d) (+8) · (–4) =

e) (+1) · (–9) =

f) (–8) · (+1) =

g) (+10) · (+9) =

h) (+1) · (+15) =

i) (−4) · (+12) =

j) (+3) · (+7) =

k) (+3) · (−2) =

l) (−4) · (+7) =

m) (+2) · (+35) =

n) (+21) · (−12) =

Multiplicação com mais de 2 fatores

Na multiplicação de mais de dois números inteiros, multiplicamos por agrupamento.
Exemplos:

- (−3) · (−5) · (4) · (−2) · (−1) · (5) =
  = (15) · (−8) · (−5) =
  = (−120) · (−5) =
  = 600

- (−3) · (−5) · (+4) · (−2) · (−1) =
  = (+15) · (+4) · (−2) · (−1) =
  = (+60) · (−2) · (−1) =
  = (−120) · (−1) =
  = +120 = 120

- (+2) · (+3) · (−1) · (−2) · (−1) =
  = (+6) · (−1) · (−2) · (−1) =
  = (−6) · (−2) · (−1) =
  = (+12) · (−1) =
  = −12

8. Efetue as multiplicações.

a) (−4) · (−5) · (+2) =

b) (−7) · (+2) · (−1) =

c) (+9) · (−2) · (+5) =

d) (−5) · (+3) · (−2) =

e) (−10) · (+2) · (+3) =

f) (−1) · (−4) · (+3) · (−2) =

g) (−5) · (−3) · (−8) · (+3) =

h) (+10) · (−2) · (+1) · (−3) · (+2) =

i) (−3) · (+2) · (−1) · (+4) · (−10) =

j) (−1) · (+1) · ( ) · (−1) =

k) (−2) · (−2) · (−2) · (−2) · (−2) =

l) (−1) · (−1) · (−1) · (−1) · (−1) · (−1) =

Propriedade distributiva da multiplicação

Exemplos:

a) (−2) · (5 ⊕ 3) =
  = (−2) · (+5) ⊕ (−2) · (+3) =
  = −10 + (−6) = −10 − 6 = −10 + (−6) =
  = −16

b) (−3) · (7 ⊖ 9) =
  = (−3) · (+7) ⊕ (−3) · (−9) =
  = −21 + (+27) = −21 + 27 = +6 = 6

9. Aplique a propriedade distributiva e efetue as operações.

a) (−3) · (8 + 4) =

b) (+5) · (10 + 3) =

c) (−2) · (5 + 1) =

d) (−3) · (−2 − 5) =

6. Divisão de dois números inteiros

> Para a divisão de inteiros, valem as mesmas regras de sinais da multiplicação.
>
> - **Sinais iguais**: o quociente é um número **positivo**. Seu valor absoluto é igual ao quociente dos números dados sem o sinal. Exemplos:
>   - (+10) ÷ (+2) = +5
>   - (−4) ÷ (−2) = +2
>
> - **Sinais diferentes**: o quociente é um número **negativo**. Seu valor absoluto é igual ao quociente dos números dados sem o sinal. Exemplos:
>   - (+4) ÷ (−2) = −2
>   - (−8) ÷ (+8) = −1

10. Efetue as divisões.

a) (+8) ÷ (+2) =

b) (+30) ÷ (+10) =

c) (−12) ÷ (−3) =

d) (−20) ÷ (−10) =

e) (+5) ÷ (−1) =

f) (+15) ÷ (−5) =

g) (−10) ÷ (+2) =

h) (−4) ÷ (+1) =

i) (−10) ÷ (−1) =

j) (−4) ÷ (−4) =

k) (+24) ÷ (−6) =

l) (−18) ÷ (−1) =

m) (+15) ÷ (+1) =

n) (+18) ÷ (+9) =

o) (−32) ÷ (+2) =

p) (−40) ÷ (+20) =

7. Expressões numéricas

Na resolução de expressões numéricas em que aparecem parênteses, colchetes e chaves, resolvemos primeiro o que está nos parênteses, depois o que está nos colchetes, e por fim, o que está nas chaves.

Quanto às operações, resolvemos primeiro as multiplicações e divisões, depois as adições e subtrações.

Exemplos.

$-3 + 7 \cdot (-2) =$
$= -3 + (-14) =$
$= -3 - 14 = -17$

$20 \div (-2 - 8) + 3 =$
$= 20 \div (-10) + 3 =$
$= -2 + 3 = 1$

$[18 - (3 + 10 \div (-2) + 5)] =$
$= [18 - (3 - 5 + 5)] =$
$= [18 - (+3)] =$
$= [18 - 3] = 15$

11. Efetue as operações.

a) $3 - 7 \times 3 =$

b) $5 + 2 \times 8 =$

c) $50 - 25 \times 2 =$

d) $30 + 8 \div (-2) =$

e) $15 \div 5 - 10 =$

f) $3 + 6 \times 2 - 15 \div (-3) =$

g) $\{4 - [2 \times (8 - 12)] \div 2\} =$

h) $\{2 + [3 \div (10 - 11) + 1] \div 2\} =$

i) $5 \times [(8 - 5) \times (2 + 7)] =$

j) $\{[(8 + 4) \div 3] \times (3 - 1)\} =$

k) $\{[(50 \times 3) + (2 \times 25) \div 4\} =$

8. Potenciação de números inteiros

- **Quando a base é positiva:** sendo o expoente par ou ímpar, o valor da potência é sempre positivo. Exemplo:

  - $(+3)^2 = (+3) \cdot (+3) = +9$ (base, expoente par, potência)

  - $(+4)^3 = (+4) \cdot (+4) \cdot (+4) = +64$ (base, expoente ímpar, potência)

- **Quando a base é negativa:** se o expoente for par, a potência é positiva. Se o expoente for ímpar, a potência é negativa. Exemplos:

  - $(-3)^2 = (-3) \cdot (-3) = +9$ (base, expoente par, potência)

  - $(-4)^3 = (-4) \cdot (-4) \cdot (-4) = -64$ (base, expoente ímpar, potência)

f) $(-1)^5 =$

g) $(0)^{10} =$

h) $(-2)^3 =$

Expressões numéricas com potências

Nas expressões numéricas em que aparecem as quatro operações, mais a potenciação, resolvemos primeiro as potências, seguido das multiplicações e divisões, e por fim as adições e subtrações.

$(-10)^2 \div 20 + 4 =$
$= (+100) \div 20 + 4 =$
$= +5 + 4 = +9$

$(-2)^4 \div (-4)^2 - 3 =$
$= (+16) \div (+16) - 3 =$
$= (+1) - 3 =$
$= +1 - 3 = -2$

12. Calcule as potências.

a) $(+2)^2 =$

b) $(+3)^2 =$

c) $(-2)^2 =$

d) $(-5)^2 =$

e) $(-3)^3 =$

13. Resolva as expressões numéricas.

a) $(+3)^2 \div 3 + 5 =$

b) $(+12)^2 \div 72 - 3 =$

c) $(+1)^4 - (+8)^2 \div (-2)^4 =$

d) $(-1)^7 - (-4)^3 \div (+2)^3 =$

Propriedades da potenciação

Multiplicação: Conserva-se a base e somam-se os expoentes.
$(-3)^2 \cdot (-3)^3 = (-3)^{2+3} = (-3)^5$

Divisão: Conserva-se a base e subtraem-se os expoentes.
$(-5)^5 \div (-5)^3 = (-5)^{5-3} = (-5)^2$

Potência de uma potência: Conserva-se a base e multiplicam-se os expoentes.
$[(+2)^3]^2 = (+2)^{3 \times 2} = (+2)^6 = 2^6$

Potência com expoente zero, e base não-nula: é sempre igual a 1.
$9^0 = 1$

14. Com base nas propriedades da potenciação, resolva.

a) $(-5)^2 \cdot (-5)^3 =$

b) $(-4)^3 \cdot (-4) \cdot (-4)^4 =$

c) $(-a)^3 \cdot (-a)^2 =$

d) $(+3)^n \cdot (+3)^m =$

e) $(-10)^9 \div (-10)^2 =$

f) $(-8)^3 \div (-8)^3 =$

g) $(+11)^2 \div (+11)^2 =$

h) $(-9)^x \div (-9)^y =$

i) $(+13)^4 \div (+13)^3 =$

j) $[(-5)^2]^4 =$

k) $[(+7)^5]^2 =$

l) $[(-4)^2]^x =$

Potência de um produto

> Para efetuar a potência de um produto, basta elevar cada fator ao expoente do produto. Exemplos:
>
> a) $[(-2) \cdot (+3)]^2 =$
> $= [(-2) \cdot (+3)] \cdot [(-2) \cdot (+3)] =$
> $= (-2)^2 \cdot (+3)^2$
>
> b) $[(-5) \cdot (-8)]^3 =$
> $= (-5)^3 \cdot (-8)^3$
>
> c) $[(-2)^3 \cdot (+3)^4]^2 =$
> $= [(-2)^3]^2 \cdot [(+3)^4]^2 = (-2)^6 \cdot (+3)^8$

15. Desenvolva as potências.

a) $[(+5) \cdot (-2)]^5 =$

b) $[(-3) \cdot (-6)]^7 =$

c) $[(-2)^3 \cdot (+3)^4]^2 =$

d) $[(+4) \cdot (-5)^3]^3 =$

e) $[(-2a^3)^2 =$

f) $[5x^2y]^5 =$

16. Resolva as expressões.

a) $(-3)^4 =$

b) $(-3)^3 =$

c) $(+3)^2 \cdot (+3) =$

d) $(-8)^4 \div (-8)^2 =$

e) $(+2)^6 \div (+2)^3 =$

f) $[(-2)^2]^2 =$

g) $[(2)^2 \cdot 3]^2 =$

h) $(-15)^2 =$

i) $(+16)^2 =$

j) $(-13)^2 =$

k) $(-2)^4 \cdot (-2)^2 =$

l) $(3a^2)^3 =$

m) $(2a^7b)^3 =$

n) $(-5)^3 \div (-5) =$

9. Raiz quadrada de um número inteiro

> **Raiz quadrada de números inteiros positivos**
> $\sqrt{25} = \sqrt{(\pm 5)^2} = |\pm 5| = 5$
> Assim, $\sqrt{25} = 5$, pois $5^2 = 5 \times 5 = 25$
>
> **Atenção!**
> Não há raiz quadrada de números inteiros negativos, pois não existe um número inteiro que, multiplicado por ele mesmo, resulte um número negativo.

17. Determine as raízes quadradas dos números inteiros a seguir.

a) $\sqrt{4} =$ ☐

b) $-\sqrt{4} =$ ☐

c) $\sqrt{36} =$ ☐

d) $-\sqrt{36} =$ ☐

e) $\sqrt{-64} =$ ☐

f) $-\sqrt{81} =$ ☐

g) $\sqrt{-16} =$ ☐

h) $-\sqrt{1} =$ ☐

18. Resolva ou simplifique as expressões.

a) $4^3 - 3^4 =$

b) $7^0 - 1 =$

c) $a^3 \cdot a^2 =$

d) $-3 - 2 =$

e) $a^5 \div a^5 =$

f) $(3a^2b^2)^2 =$

g) $x \cdot x =$

h) $(-2)^3 - \sqrt{9} =$

i) $(-1)^4 - \sqrt{81} =$

j) $-\sqrt{49} + \sqrt{64} =$

CAPÍTULO 3 – NÚMEROS RACIONAIS

1. O conjunto dos números racionais

O conjunto dos números inteiros Z é formado pelo conjunto dos números naturais N e seus simétricos (opostos), como mostra a reta numérica.

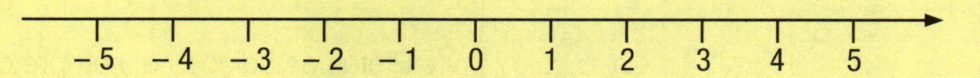

$$-5 \quad -4 \quad -3 \quad -2 \quad -1 \quad 0 \quad 1 \quad 2 \quad 3 \quad 4 \quad 5$$

Entre dois números inteiros existem infinitos outros números.
Exemplos: entre o número 0 e o 1 existe a fração $\frac{1}{2}$; entre o 2 e o 3, há o número 2,5.
O conjunto dos números racionais é formado pelo conjunto dos números inteiros e os números que podem ser representados como o quociente de dois números inteiros (com divisor diferente de zero), como mostra a reta numérica.

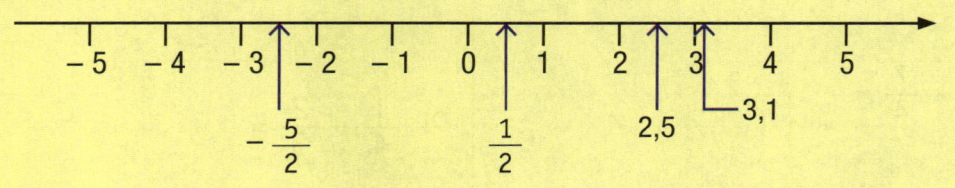

Pontos marcados: $-\frac{5}{2}$, $\frac{1}{2}$, $2,5$, $3,1$

2. Adição e subtração com frações

Na adição e subtração de números fracionários, procedemos da seguinte maneira:
- se as frações tiverem denominadores iguais, adicionamos ou subtraímos os numeradores e conservamos o denominador comum.
- se as frações tiverem denominadores diferentes, reduzimos as frações ao mesmo denominador e efetuamos as operações.

Exemplo:

$$\frac{1}{6} - \frac{3}{4} + \frac{5}{2}$$

$$\frac{1}{6} - \frac{3}{4} + \frac{5}{2} = \frac{1}{12} - \frac{9}{12} + \frac{30}{12} =$$

$$= \frac{2 - 9 + 30}{12} = \frac{23}{12}$$

Atenção: o denominador comum 12 é o mmc (6, 4, 2).

1. Efetue as adições e simplifique o resultado quando possível.

a) $\dfrac{5}{3}+\dfrac{7}{3}=$

b) $\dfrac{4}{5}-\dfrac{1}{5}+\dfrac{2}{5}=$

c) $\dfrac{1}{6}+\dfrac{3}{6}-\dfrac{7}{6}=$

d) $\dfrac{3}{4}+\dfrac{1}{4}+\dfrac{7}{4}=$

e) $-\dfrac{1}{9}-\dfrac{3}{9}-\dfrac{5}{9}=$

f) $\dfrac{4}{3}-\dfrac{1}{3}-\dfrac{2}{3}=$

g) $\dfrac{8}{5}-\dfrac{10}{5}+\dfrac{1}{5}=$

h) $\dfrac{1}{7}+\dfrac{2}{7}-\dfrac{17}{7}=$

i) $-\dfrac{3}{5}+\dfrac{2}{5}+\dfrac{8}{5}=$

j) $-\dfrac{2}{6}-\dfrac{1}{6}+\dfrac{3}{6}=$

2. Efetue as adições e, sempre que possível, simplifique o resultado.

a) $-\dfrac{2}{3}-\dfrac{1}{4}-\dfrac{2}{6}=$

b) $\dfrac{1}{4}-\dfrac{2}{3}=$

c) $-\dfrac{2}{5}+\dfrac{1}{10}-\dfrac{7}{10}=$

d) $\dfrac{3}{5}-\dfrac{2}{3}-\dfrac{1}{2}=$

e) $\dfrac{6}{5}-\dfrac{1}{10}+\dfrac{3}{10}=$

f) $\dfrac{1}{2}-\dfrac{3}{4}-\dfrac{4}{3}=$

g) $\dfrac{1}{7} - \dfrac{2}{5} =$

h) $\dfrac{4}{3} + \dfrac{1}{5} + \dfrac{2}{7} =$

i) $\dfrac{1}{2} + \dfrac{2}{3} + \dfrac{1}{4} =$

j) $\dfrac{3}{4} - \dfrac{1}{2} - \dfrac{7}{6} =$

3. Adição e subtração de números decimais

> Na adição e subtração de números decimais, colocamos vírgula sob vírgula e efetuamos as operações.
>
> Exemplo: Vamos determinar o valor de 0,25 + 0,36 + 1,05 − 0,2.
>
> ```
>   0,25
>   0,36      1,66
> + 1,05    − 0,2
> ──────    ──────
>   1,66      1,46
> ```

3. Efetue as adições e simplifique o resultado quando possível

a) $0,5 + 1,3 =$ ☐

b) $1,4 - 1,3 =$ ☐

c) $3,8 - 1,5 - 0,2 =$ ☐

d) $0,05 + 1,25 =$ ☐

e) $5,025 + 0,004 =$ ☐

f) $2,56 - 1,05 - 0,09 =$ ☐

4. Multiplicação e divisão de frações

> Para o conjunto dos números racionais valem as propriedades da multiplicação e divisão dos números inteiros. Exemplos:
>
> a) $\dfrac{4}{3} \cdot \left(-\dfrac{1}{5}\right) = \dfrac{4 \cdot (-1)}{3 \cdot 5} = -\dfrac{4}{15}$
>
> b) $\dfrac{3}{4} \div \left(-\dfrac{2}{5}\right) = \dfrac{3}{4} \cdot \left(\dfrac{-5}{2}\right) = \dfrac{3 \cdot (-5)}{4 \cdot 2} = -\dfrac{15}{8}$

4. Observe o quadro dos sinais e, em seguida, calcule o resultado das expressões simplificando-as sempre que possível.

Quadro de sinais multiplicação/divisão

+	+	+
−	−	+
−	+	−
+	−	−

a) $\dfrac{2}{3} \cdot \dfrac{1}{5} =$

b) $-\dfrac{1}{2} \cdot \left(-\dfrac{1}{5}\right) =$

c) $\dfrac{1}{3} \cdot \left(-\dfrac{4}{7}\right) =$

d) $\dfrac{3}{5} \cdot \left(-\dfrac{1}{4}\right) =$

e) $\dfrac{2}{3} \cdot \left(-\dfrac{3}{5}\right) =$

f) $-\dfrac{1}{2} \cdot \left(-\dfrac{4}{7}\right) =$

5. Calcule o resultado das expressões e sempre que possível simplifique-o.

a) $\dfrac{2}{3} \div \left(-\dfrac{3}{5}\right) =$

b) $-\dfrac{1}{2} \div \left(-\dfrac{4}{7}\right) =$

c) $\dfrac{7}{5} \cdot \left(-\dfrac{3}{8}\right) =$

d) $-\dfrac{3}{5} \div \left(-\dfrac{1}{3}\right) =$

e) $\dfrac{1}{3} \div \left(\dfrac{3}{5}\right) =$

f) $\dfrac{1}{7} \div \left(-\dfrac{3}{5}\right) =$

g) $-\dfrac{8}{3} \div \left(\dfrac{3}{6}\right) =$

h) $\left(-\dfrac{1}{3}\right) \cdot \left(-\dfrac{1}{4}\right) \cdot \left(-\dfrac{2}{5}\right) \cdot \left(-\dfrac{3}{7}\right) =$

i) $\left(\dfrac{1}{4}\right) \cdot \left(-\dfrac{1}{5}\right) \div \left(\dfrac{2}{7}\right) =$

j) $\left[\left(-\dfrac{3}{4}\right) \div \left(-\dfrac{2}{7}\right)\right] \div \left(\dfrac{7}{3}\right) =$

k) $\left(-\dfrac{3}{4}\right) \div \left(-\dfrac{2}{7}\right) \div \left(-\dfrac{3}{5}\right) =$

l) $\left(\dfrac{2}{3}\right) \div \left(-\dfrac{3}{7}\right) \div \left(\dfrac{1}{8}\right) =$

5. Multiplicação e divisão de números decimais

> Na multiplicação de números decimais adotamos o seguinte procedimento: ignoramos as vírgulas e efetuamos a operação. O resultado terá a quantidade total de casas decimais dos fatores.
>
> Exemplo: Vamos efetuar 1,25 · 3,84
>
> ```
>     1,25  ← 2 casas decimais ⎫ 4 casas
>   × 3,84  ← 2 casas decimais ⎭ decimais
>     5 00
>    1000
>     375
>   4,8000  ← 4 casas decimais
> ```
>
> Reposta: 4,8
>
> Exemplo: Vamos efetuar a divisão 0,60 ÷ 0,02.
>
> ```
>   0,60 | 0,02
>  − 60  | 30
>    00
> ```

6. Desenvolva as operações seguintes.

a) 12,2 × 4,83 =

b) 1,843 × 82,3 =

c) 0,9 ÷ 0,03 =

d) 0,036 ÷ 0,012 =

e) 0,12 × 5 =

f) 2,8 ÷ 0,2 =

6. Expressões numéricas com números racionais

7. Observe o exemplo e resolva as expressões.

$$\left(-\frac{1}{3}\right)+\left(-\frac{2}{3}\right)+\left(-\frac{1}{2}\right)=$$
$$=-\frac{1}{3}-\frac{2}{3}-\frac{1}{2}$$
$$=\frac{-2-4-3}{6}=-\frac{9}{6}=-\frac{3}{2}$$

a) $\left(-\frac{3}{4}\right)-\left(-\frac{1}{3}\right)+\left(-\frac{2}{5}\right)=$

b) $\left(\frac{5}{3}\right)-\left(+\frac{1}{4}\right)+\left(+\frac{2}{7}\right)=$

c) $0,03 + 0,5 =$

d) $25,005 - 7 =$

e) $0,3 - 0,1 + 2,53 =$

f) $\left(-\frac{3}{4}\right)-\left(-\frac{1}{2}\right)+\left(+\frac{1}{5}\right)-\left(+\frac{2}{3}\right)=$

g) $\left(\frac{5}{3}\right)+\left(-\frac{1}{2}\right)-\left(-\frac{2}{3}\right)=$

h) $\left(-\frac{3}{5}\right)-\left(-\frac{2}{3}\right)+\left(-\frac{1}{2}\right)=$

i) $\left(-\frac{1}{3}\right) \cdot \left(-\frac{1}{2}\right) \cdot \left(\frac{3}{2}\right)=$

j) $\left(-\dfrac{1}{3}\right) \cdot \left(-\dfrac{2}{5}\right) \div \left(-\dfrac{1}{2}\right) =$

k) $0{,}3 \times 0{,}3 =$

l) $0{,}5 \times 0{,}8 =$

m) $0{,}18 \times 2 \times 5 =$

b) $\dfrac{3}{5} \cdot \left(\dfrac{2}{5} + \dfrac{1}{2}\right) =$

c) $\dfrac{1}{2} \cdot \left(\dfrac{2}{3} - \dfrac{1}{6}\right) =$

d) $\dfrac{3}{7} \cdot \left(\dfrac{1}{4} - \dfrac{1}{6}\right) =$

e) $-7 \left(\dfrac{1}{14} - \dfrac{3}{15}\right) =$

Exemplo:

$-\dfrac{3}{5}\left(\dfrac{2}{7} + \dfrac{1}{4}\right) =$

$= -\dfrac{3}{5} \cdot \left(\dfrac{2}{7}\right) - \dfrac{3}{5} \cdot \left(+\dfrac{1}{4}\right)$

$= -\dfrac{6}{35} - \dfrac{3}{20} = \dfrac{4 \cdot (-6) + 7 \cdot (-3)}{140}$

$= \dfrac{-24 - 21}{140} = -\dfrac{45}{140}^{:5}_{:5} = \dfrac{9}{28}$

8. Efetue as operações.

a) $2 \cdot \left(\dfrac{3}{5} + \dfrac{1}{7}\right) =$

7. Potenciação de números racionais

Valem as mesmas regras da potenciação de números inteiros.
- Base positiva → potência positiva
- Base negativa e expoente par → potência positiva
- Base negativa e expoente ímpar → potência negativa

a) $(-3)^2 = (-3) \cdot (-3) = 9$

b) $\left(\dfrac{3}{5}\right)^2 = \dfrac{3}{5} \cdot \dfrac{3}{5} = \dfrac{9}{25}$

c) $\left(\dfrac{7}{4}\right)^0 = 1$

d) $\left(-\dfrac{3}{5}\right)^2 = \left(-\dfrac{3}{5}\right) \cdot \left(-\dfrac{3}{5}\right) = +\dfrac{9}{25} = \dfrac{9}{25}$

e) $\left(\dfrac{1}{2}\right)^3 = \left(\dfrac{1}{2}\right) \cdot \left(\dfrac{1}{2}\right) \cdot \left(\dfrac{1}{2}\right) = \dfrac{1}{8}$

f) $\left(-\dfrac{1}{8}\right)^0 = 1$

g) $\left(-\dfrac{2}{3}\right)^1 = -\dfrac{2}{3}$

h) $(0,5)^2 = 0,25$

i) $(0,3)^2 = 0,9$

j) $(0,03)^2 = 0,0009$

k) $(1,5)^3 = 3,375$

9. Calcule as seguintes potências.

a) $\left(\dfrac{1}{2}\right)^2 =$

b) $\left(\dfrac{2}{3}\right)^2 =$

c) $0,7^2 =$

d) $0,9^2 =$

e) $1,2^2 =$

f) $\left(-\dfrac{4}{5}\right)^2 =$

g) $\left(-\dfrac{1}{3}\right)^2 =$

h) $\left(-\dfrac{2}{3}\right)^2 =$

i) $\left(-\dfrac{1}{5}\right)^2 =$

j) $\left(-\dfrac{3}{4}\right)^2 =$

k) $\left(\dfrac{1}{4}\right)^3 =$

l) $\left(\dfrac{3}{4}\right)^2 =$

m) $\left(-\dfrac{1}{2}\right)^3 =$

n) $(7)^3 =$

o) $\left(-\dfrac{1}{4}\right)^3 =$

p) $(-0{,}5)^2 =$

q) $0{,}3^3 =$

r) $(2{,}5)^0 =$

s) $(251{,}2514)^0 =$

t) $\left(-\dfrac{3}{2}\right)^3 =$

u) $\left(\dfrac{3}{2}\right)^3 =$

v) $\left(-\dfrac{1}{7}\right)^2 =$

w) $\left(\dfrac{8}{5}\right)^0 =$

y) $\left(-\dfrac{3}{7}\right)^0 =$

x) $\left(-\dfrac{2}{3}\right)^0 =$

z) $\left(\dfrac{5}{8}\right)^1 =$

Potências com expoentes negativos

Sabemos que $8^5 \div 8^7 = 8^{5-7} = 8^{-2}$.

Representando essa operação por meio de frações:

$$\frac{8^5}{8^7} = \frac{\cancel{8} \cdot \cancel{8} \cdot \cancel{8} \cdot \cancel{8} \cdot \cancel{8}}{\cancel{8} \cdot \cancel{8} \cdot \cancel{8} \cdot \cancel{8} \cdot \cancel{8} \cdot 8 \cdot 8} = \frac{1}{8^2}$$

Assim: $8^{-2} = \dfrac{1}{8^2}$

Qualquer número não nulo elevado a um expoente inteiro negativo é igual ao inverso desse número elevado ao oposto do expoente. Exemplos:

- $5^{-3} = \dfrac{1}{5^3} = \dfrac{1}{125}$

- $\left(\dfrac{1}{2}\right)^{-4} = \left(\dfrac{2}{1}\right)^4 = 2^4 = 16$

- $\left(\dfrac{2}{3}\right)^{-3} = \left(\dfrac{3}{2}\right)^3 = \dfrac{3^3}{2^3} = \dfrac{27}{8}$

- $(0,5)^{-2} = \dfrac{1}{0,5^2} = \dfrac{1}{0,25}$

- $(0,3)^{-3} = \dfrac{1}{0,3^3} = \dfrac{1}{0,027}$

10. Calcule as potências.

a) $3^{-2} =$

b) $5^{-2} =$

c) $7^{-2} =$

d) $\left(\dfrac{2}{3}\right)^{-2} =$

e) $\left(\dfrac{1}{5}\right)^{-3} =$

f) $\left(-\dfrac{3}{4}\right)^{-2} =$

g) $4^{-1} =$

h) $7^{-1} =$

i) $(0,2)^{-2} =$

j) $(0,5)^{-3} =$

k) $(1,2)^{-2} =$

l) $(0,9)^{-1} =$

8. Raiz quadrada de um número racional

Exemplos:

a) Vamos determinar o valor de $\sqrt{\dfrac{9}{4}}$.

$$\sqrt{\dfrac{9}{4}} = \dfrac{\sqrt{9}}{\sqrt{4}} = \dfrac{3}{2}$$

Aplicamos a raiz quadrada no numerador e no denominador da fração.

b) Vamos determinar o oposto de $\sqrt{\dfrac{9}{4}}$.

$$-\sqrt{\dfrac{9}{4}} = -\dfrac{\sqrt{9}}{\sqrt{4}} = -\dfrac{3}{2}$$

c) $\sqrt{0{,}09} = 0{,}3$

d) $\sqrt{0{,}0144} = 0{,}12$

11. Determine o valor das raízes seguintes.

a) $\sqrt{\dfrac{4}{9}} =$

b) $-\sqrt{\dfrac{25}{4}} =$

c) $\sqrt{\dfrac{1}{4}} =$

d) $\sqrt{\dfrac{64}{25}} =$

e) $-\sqrt{\dfrac{25}{9}} =$

f) $-\sqrt{\dfrac{1}{9}} =$

g) $\sqrt{\dfrac{4}{25}} =$

h) $-\sqrt{\dfrac{1}{100}} =$

i) $-\sqrt{\dfrac{1}{64}} =$

j) $-\sqrt{\dfrac{9}{169}} =$

k) $\sqrt{0{,}25} =$

l) $\sqrt{0{,}49} =$

m) $\sqrt{0{,}81} =$

n) $\sqrt{0{,}0169} =$

9. Expressões numéricas com números racionais

12. Calcule as expressões.

a) $\dfrac{3}{4} - \dfrac{7}{3} =$

b) $\dfrac{3}{4} \div \left(-\dfrac{2}{3}\right) =$

c) $\dfrac{4}{3} \cdot \left(\dfrac{3}{5} - \dfrac{1}{2}\right) =$

d) $-\dfrac{1}{2} \cdot \left(\dfrac{1}{3} - \dfrac{1}{7}\right) =$

e) $-\sqrt{\dfrac{36}{25}} =$

f) $\left(\dfrac{2}{7}\right)^0 =$

g) $(0,2 + 1,5) \times 1,3 =$

h) $(2,6 - 1,5) \times 1,8 =$

i) $(5,8 + 2,8)^0 \times 1,8 =$

j) $(564,1258)^0 =$

k) $1,2^2 =$

13. Calcule o valor das expressões, simplificando-o sempre que possível.

a) $3 + \left(\dfrac{1}{2}\right)^{-2} =$

b) $\left(\dfrac{2}{1}\right)^{-1} - \dfrac{5}{12} =$

c) $\left(\dfrac{1}{4}\right)^{-1} \cdot 2^3 =$

d) $3^{-2} + 2^{-1} + 3^{-1} + 2^{-2} =$

e) $(0{,}056)^0 + 2{,}8 =$

f) $(1{,}2)^{-2} \div 2 =$

g) $(0{,}3)^{-3} \times 2{,}8 =$

h) $\sqrt{\dfrac{1}{9}} + \dfrac{2}{3} =$

i) $\sqrt{\dfrac{4}{25}} + 5^{-1} =$

j) $\sqrt{\dfrac{64}{25}} - \sqrt{\dfrac{16}{49}} =$

k) $\left(\dfrac{1}{2}\right)^{-2} + \left(\dfrac{1}{3}\right)^{-1} + \left(\dfrac{1}{3}\right)^{-2} =$

l) $\left(\dfrac{2}{3}\right)^{-2} \cdot \left(\dfrac{1}{5} - \dfrac{4}{7}\right) =$

m) $\sqrt{\dfrac{81}{64}} \cdot \left[\left(\dfrac{1}{2}\right)^2 - \left(\dfrac{2}{3}\right)^{-1}\right] =$

n) $\sqrt{0{,}25} \times 0{,}2 =$

o) $\sqrt{1{,}44} \times 0{,}2^2 =$

p) $(0{,}8 - 0{,}3)^1 \times \sqrt{0{,}25} =$

CAPÍTULO 4 – EQUAÇÕES ALGÉBRICAS

1. Equações

Sentenças que exprimem uma igualdade entre expressões matemáticas são chamadas de equações.

$$\underbrace{x - 4}_{1º\ membro} = \underbrace{12}_{2º\ membro}$$

a) $x - 4 = 12$
  $x = 12 + 4$
  $x = 16 \rightarrow S = \{16\}$

b) $x + 5 = 3$
  $x = 3 - 5$
  $x = -2 \rightarrow S = \{-2\}$

1. Resolva as equações.

a) $x - 2 = 10$

b) $x - 5 = 15$

c) $x - 3 = 2$

d) $x + 4 = 8$

e) $x + 3 = 1$

f) $x + 8 = 10$

g) $x + 3 = 10$

h) $x - 3 = -1$

2. Observe os exemplos e resolva as equações.

$$5x = 30 \qquad -6x = -12$$
$$x = \frac{30}{5} \qquad x = \frac{-12}{-6}$$
$$x = 6 \qquad x = 2$$

a) $2x = -8$

b) $3y = 18$

c) $2x = 0$

d) $-3x = 6$

e) $2x + 4 = 6$

f) $4x = -16$

g) $-2y = 0$

h) $3y + 1 = 10$

c) $\dfrac{x}{3} = -3$

d) $\dfrac{y}{3} = \dfrac{3}{2}$

e) $\dfrac{x}{3} = 7$

f) $\dfrac{y}{4} = 8$

3. Observe os exemplos e resolva as equações.

$$\dfrac{x}{2} = 5 \qquad \dfrac{x}{3} = -\dfrac{2}{5}$$
$$x = 2 \cdot 5 \qquad 5x = 3 \cdot (-2)$$
$$x = 10 \qquad 5x = -6$$
$$x = \dfrac{6}{5}$$

a) $\dfrac{x}{2} = 6$

b) $\dfrac{y}{2} = -1$

g) $\dfrac{x}{2} = \dfrac{1}{3}$

h) $\dfrac{y}{5} = \dfrac{1}{3}$

4. Observe os exemplos e resolva as equações.

$5x - 4 = 8 + 2x$
$5x - 2x = 8 + 4$
$3x = 12$
$x = \dfrac{12}{3}$
$x = 4$

$5 \cdot (2x + 3) = 24 + x$
$10x + 15 = 24 + x$
$10x - x = 24 - 15$
$9x = 9$
$x = \dfrac{9}{9}$
$x = 1$

a) $x + 9 = 18$

b) $x - 1 = -8$

c) $3y - 8 = 13$

d) $12x - 10 = 5x + 11$

e) $7x + 5 = 68 - 2x$

f) $14 - 3x = 2x + 29$

g) $8x - 9 = 2x + 11$

h) $10 - 4x = 9 - 2x$

i) $2 \cdot (7x + 2) + 12 \cdot (x + 1) = 2$

j) $-2 \cdot (x - 3) = 18$

k) $4 \cdot (x - 1) - 2 \cdot (3x + 4) = 6$

l) $3 \cdot (2x - 5) = 9 - 2x$

m) $y + 4 = -15$

n) $3x + 9 = 12$

o) $10 - 4x = 9 + 2x$

p) $a - 3a + 5a = 12$

q) $3 \cdot (x - 1) = 6$

r) $2 \cdot (x + 5) = -4$

s) $3 \cdot (2y - 5) = 9$

t) $5 \cdot (y - 3) = 2y + 3$

u) $-8 \cdot (x - 1) = -16$

v) $4 \cdot (2x - 3) = 5 \cdot (x + 3)$

Exemplo 2:
$$\frac{3x - 5}{2} - \frac{x - 2}{5} = 7$$
m.m.c. (2, 5) = 10
$$\frac{5 \cdot (3x - 5) - 2 \cdot (x - 2)}{\cancel{10}} = \frac{70}{\cancel{10}}$$
$5 \cdot (3x - 5) - 2 \cdot (x - 2) = 70$
$15x - 25 - 2x + 4 = 70$
$15x - 2x = 70 + 25 - 4$
$13x = 91$
$x = \frac{91}{13}$
$x = 7$

5. Observe os exemplos e resolva as equações.

Exemplo 1:
$$\frac{x}{3} - \frac{7}{8} = \frac{x}{4} - 1$$
m.m.c. (3, 8, 4) = 24
$$\frac{8x - 21}{\cancel{24}} = \frac{6x - 24}{\cancel{24}}$$
$8x - 21 = 6x - 24$
$8x - 6x = -24 + 21$
$2x = -3$
$x = -\frac{3}{2}$

a) $\dfrac{a}{4} - \dfrac{5}{3} = \dfrac{1}{12}$

b) $\dfrac{x + 3}{5} = -1$

c) $y - 2 = \dfrac{3}{2}$

d) $2z + 3 = z + \dfrac{2}{3}$

e) $\dfrac{x+5}{2} = \dfrac{8+2x}{5}$

f) $\dfrac{5x-10}{2} = 10 - \dfrac{5x-5}{3}$

g) $7x - \dfrac{2x-3}{4} = 3 \cdot (x-8)$

h) $\dfrac{5x-3}{4} - \dfrac{3x+8}{2} = \dfrac{6x-3}{3} + \dfrac{x}{2}$

i) $\dfrac{x+3}{8} = \dfrac{5}{4}$

j) $\dfrac{3x}{2} + 2 = \dfrac{3}{2} + x$

k) $\dfrac{x}{2} - 5 = x + \dfrac{3}{4}$

l) $\dfrac{x}{2} + \dfrac{1}{3} = 4$

m) $-\dfrac{x}{2} - \dfrac{x}{3} = \dfrac{2}{3}$

n) $\dfrac{4 \cdot (x+1)}{3} - \dfrac{3 \cdot (x-1)}{2} = \dfrac{1}{2}$

o) $\dfrac{2}{3}(x-1) = \dfrac{3}{2}(x+1)$

p) $-\dfrac{1}{2}(x-1) = x$

q) $-\dfrac{2}{3}(1-x) = 1-x$

r) $\dfrac{x}{2} - \dfrac{x-1}{2} = x-2$

6. Resolva as equações.

a) $8x - 16 = 6x - 10$

b) $3y + 5 = 12 - y$

c) $2x - 22 = 7x - 5$

d) $12x - (2x + 5) = 10$

e) $5 - 3 \cdot (a - 4) = 29$

f) $13 \cdot (x - 1) - 4 = 6x - 17$

g) $\dfrac{3x}{7} - 5 = x - \dfrac{3}{7}$

h) $\dfrac{x}{6} - 7 = 10 - \dfrac{2x}{3} - 3x + 6$

i) $\dfrac{x - 1}{3} = \dfrac{x}{4} - \dfrac{1}{12}$

j) $\dfrac{3x + 7}{3} - \dfrac{5x + 1}{6} = \dfrac{17}{2} - 3x$

k) $\dfrac{a+3}{2} - \dfrac{4}{5} + \dfrac{4-3a}{3} = 0$

l) $5 \cdot (y-3) - 4 \cdot (5-2y) = 3$

m) $\dfrac{6x-7}{2} - \dfrac{5+2x}{3} = 0$

n) $\dfrac{3-x}{5} + \dfrac{2x-3}{4} = \dfrac{x-8}{4}$

o) $3x - 2 \cdot (x-1) = 10$

p) $\dfrac{2}{3}(x+1) + \dfrac{1}{4}(3-4x) = 1$

q) $6x - 10 = \dfrac{5}{3}$

r) $x + (x+8) = 10$

s) $\dfrac{x}{3} + \dfrac{3}{5} = 8$

2. Equação de 1º grau

> Chamamos de **incógnita** o valor desconhecido da equação, em geral representado por uma letra.
>
> Chamamos de **raiz** da equação o valor numérico da incógnita que torna a equação verdadeira, ou seja, a sua solução.
>
> Exemplos:
>
> a) $x + 3 = 5$
> $x = 5 - 3 \rightarrow x = 2$
>   x é a incógnita dessa equação.
>   A raiz dessa equação é 2.
>
> b) $3a + 10 = 25$
> $3a = 25 - 10$
> $3a = 15$
> $a = \dfrac{15}{3} \rightarrow a = 5$
>   a é a incógnita dessa equação.
>   A raiz dessa equação é 5.

7. Resolva as equações.

a) $2x - 4 = 8$

b) $5a + 5 = 20$

c) $m + 8 = 10$

d) $10 + 8x = 50$

e) $x + 8 + 3x = 24$

f) $y - 12 = 8$

g) $3k - 2 = 25$

h) $3x + 8 - x = 10$

i) $3a - 12 + a = 12$

3. Problemas com equações de 1º grau

> Um número mais 8 unidades é igual a 20 unidades. Qual é esse número?
>
> **Resolução**
>
> Na linguagem matemática, em forma de equação: $x + 8 = 20$
>
> Resolvendo a equação:
>
> $x + 8 = 20$
>
> $x = 20 - 8 \rightarrow x = 12$
>
> O número é 12.

Usando linguagem matemática, resolva os problemas.

8. Um número adicionado a 20 é igual a 37. Qual é esse número?

9. Subtraindo 32 de um número, o resultado é 18. Qual é esse número?

10. Qual é o número que aumentado em 15 resulta 29?

11. Diminuindo 23 de um número, o resultado é 40. Qual é esse número?

> O dobro de um número menos o próprio número é igual a 5. Qual é esse número?
>
> **Resolução**
>
> Na linguagem matemática, em forma de equação: $2x - x = 5$
>
> $2x - x = 5 \rightarrow x = 5$
>
> Resposta: O número procurado é 5.

12. O dobro de um número mais o próprio número é igual a 24. Qual é esse número?

13. O triplo de um número mais o seu dobro é igual a 20. Qual é esse número?

14. O dobro de um número mais 10 é igual a 20. Qual é esse número?

15. Determine um número cujo triplo menos 18 resulta nele próprio.

17. Determine três números naturais consecutivos, sabendo que sua soma é 24.

Resolução

A soma de dois números naturais consecutivos é 39. Qual é esse número?

Números consecutivos $\begin{cases} 1^{\underline{o}} \text{ número} = x \\ 2^{\underline{o}} \text{ número} = x + 1 \end{cases}$

$\underbrace{x}_{1^{\underline{a}} \text{ número}} + \underbrace{x + 1}_{2^{\underline{a}} \text{ número}} = 39$

$x + x = 39 - 1$

$2x = 38 \rightarrow x = \dfrac{38}{2} \quad x = 19$

$x + 1 = 20$

Resposta: Os números são 19 e 20.

16. Determine dois números naturais consecutivos, sabendo que sua soma é 25.

Exemplos:

a) Divida 48 em duas partes, de modo que uma tenha 8 unidades a mais do que a outra.
Resolução

$48 \begin{cases} 1^{\underline{a}} \text{ parte} = x \\ 2^{\underline{a}} \text{ parte} = x + 8 \end{cases}$

$x + x + 8 = 48$
$x + x = 48 - 8$
$2x = 40 \rightarrow x = \dfrac{40}{2} \quad \boxed{x = 20}$

$\boxed{x + 8 = 28}$

Resposta: As partes são 20 e 28.

b) O quociente de um número dividido por 7 é 6, e o resto, 3. Determine esse número.
Resolução

$\begin{array}{r|l} x & 7 \\ \hline 3 & 6 \end{array}$

dividendo = quociente × divisor + resto
$x = 6 \times 7 + 3$
$x = 42 + 8$
$x = 45$

Resposta: O número procurado é 45.

18. Divida 104 em duas partes, de modo que uma tenha 4 unidades a mais do que a outra.

19. Distribua 580 laranjas em duas caixas, de modo que uma delas contenha 140 laranjas a menos do que a outra.

20. O quociente de um número dividido por 8 é 3, e o resto é 5. Qual é esse número?

21. Qual é o número que multiplicado por 4 e subtraído de 5 resulta em 31?

22. Um número adicionado a 9 é igual a 21. Qual é esse número?

23. Subtraindo 12 de um número resulta 18. Qual é esse número?

24. O dobro de um número mais 3 é igual a 17. Qual é esse número?

25. A soma de dois números naturais consecutivos é 41. Quais são esses números?

26. A soma de dois números naturais ímpares consecutivos é 32. Quais são esses números?

27. A soma das idades de um pai e de seu filho é 55 anos. Determine essas idades, sabendo que a do pai é o quádruplo da do filho.

28. Divida 100 em duas partes, de modo que uma tenha 14 unidades a mais do que a outra.

29. Divida 180 em duas partes, de modo que uma seja o dobro da outra.

30. Distribua 40 balas entre três meninos, de modo que o segundo receba 8 balas a menos que o primeiro e o terceiro, 3 balas a mais que o primeiro.

31. Um número excede a outro em 5 unidades, e a soma deles é 25. Quais são esses números?

32. Determine um número que somado à sua metade é igual a 12.

33. Um número excede a outro em 5 unidades, e a soma deles é 25. Quais são esses números?

34. O quociente de um número dividido por 4 é 5, e o resto, 3. Determine esse número.

35. A área de um retângulo é de 40 cm². Determine sua altura, sabendo que a base mede 5 cm.

 Sugestão: área = base × altura.

36. Multipliquei um número por 3 e subtraí 4. Deu 20. Qual é esse número?

37. O dobro de um número menos os seus três quintos é igual a 7. Qual é esse número?

38. A soma de dois números é 24. O menor é a terça parte do maior. Quais são esses números?

39. Um número é triplo do outro e a soma entre eles é 20. Determine esses números.

CAPÍTULO 5 – INEQUAÇÕES

1. Inequação

Inequação é uma **sentença aberta** que exprime uma desigualdade entre expressões.
Exemplos:
- x > 5 (lê-se: x maior que cinco)
- x – 3 < 7 (lê-se: x menos três menor que sete)
- x ≥ 2 (lê-se: x maior ou igual a dois)
- x ≤ 6 (lê-se: x menor ou igual a seis)

2. Resolução de uma inequação de 1º grau

Chamamos de U (conjunto universo) o conjunto de todos os valores que a incógnita pode assumir. Chamamos de S (conjunto-solução) o conjunto dos valores de U que satisfazem a inequação. Exemplo:

Vamos determinar o conjunto-solução das inequações nos seguintes casos.

a) U = N
   x – 4 > 3
   x > 3 + 4
   x > 7
   S = {x ∈ N | x > 7}

b) U = Z
   2x – 3 > 5 + x
   2x – x > 5 + 3
   x > 8
   S = {x ∈ Z | x > 8}

c) U = R
   2x – 5 < 5x + 7
   2x – 5x < 7 + 5
   –3x < 12

Quando o coeficiente da incógnita é negativo, multiplicamos ambos os membros por –1 e **invertemos o sentido da desigualdade.**

–3x < 12   (Multiplicamos os dois membros por –1...)
3x > –12   (...e invertemos o sinal da desigualdade.)
$x > -\frac{12}{3} \rightarrow x > -4$
S = {x ∈ R | x > –4}

Atenção!
No item c, se o conjunto U fosse o conjunto N, o conjunto-solução seria S = {x ∈ N / x > 0} pois –4 não pertence a N.

1. Determine o conjunto solução das inequações.

Sendo U = N, determine o conjunto verdade das inequações.

a) $x + 3 > 8$

b) $\dfrac{x}{2} + \dfrac{7}{3} < \dfrac{10}{6}$

c) $x - 8 > 2$

d) $x - 5 < 4$

e) $2x > 10$

f) $3x < 21$

g) $x \geq 5$

h) $2x + 12 < 30$

i) $5x - 9 \geq 2x + 12$

j) $7x - 3 < 2 \cdot (3x + 5)$

k) $9x - 3 > 11x + 5$

l) $5x - \dfrac{3x}{2} + \dfrac{7}{3} \geq \dfrac{35}{6}$

2. Dado U = Z, determine o conjunto solução das inequações.

a) $2x - 9 > 17$

b) $x \geq 15$

c) $5x - 8 < 12$

d) $-4x > 20$

e) $6x + 30 < x - 5$

f) $9x - 2 \geq 3x + 4$

g) $5 - 3x < x + 13$

h) $2 \cdot (x + 8) \leq 18$

i) $5 - 3 \cdot (x + 8) \leq x - 11$

j) $3 \cdot (x - 9) + 5 > 2 \cdot (x - 1)$

k) $\dfrac{x}{3} - \dfrac{1}{2} \leq \dfrac{5}{6}$

l) $\dfrac{3}{4} - \dfrac{x}{2} < \dfrac{5}{4}$

c) $\dfrac{5x}{4} - 4 \cdot (x - 1) < 10 - x$

3. Sendo U = Q, determine o conjunto solução das inequações.

a) $4x - 7 \geq 3(x - 4)$

d) $17x - \dfrac{2}{3} < 0$

b) $2 \cdot (x + 1) - 3 > x - 5$

e) $2x - \dfrac{9}{5} > 10x - \dfrac{3}{2}$

h) $7 \cdot (x - 2) + 5 \cdot (3 - 2x) > 4 \cdot (3 - x)$

f) $\dfrac{5x - 3}{2} < \dfrac{3x - 4}{3}$

i) $\dfrac{x}{3} - 1 \geq \dfrac{3 - 2x}{8}$

g) $\dfrac{2}{3}x - \dfrac{5}{4} + x > \dfrac{3}{5}$

CAPÍTULO 6 – SISTEMAS DE EQUAÇÕES

1. Técnicas operatórias para resolução de sistemas

Método da substituição

Exemplo 1

No sítio de Luzia, há patos e ovelhas num total de 17 animais. Ao todo são 48 pés. Quantos patos e quantas ovelhas há nesse sítio?

Resolução

Na 1ª equação vamos representar a quantidade de animais: patos e ovelhas.

1ª equação:

$x + y = 17$

- $\rightarrow$ total de animais
- $\rightarrow$ número de ovelhas
- $\rightarrow$ número de patos

Na 2ª equação vamos representar quantidade total de pés: dos patos e das ovelhas.

2ª equação:

$2x + 4y = 48$

- $\rightarrow$ total de pés
- $\rightarrow$ 4 pés por ovelha
- $\rightarrow$ 2 pés por pato

O sistema formado pelas duas equações é:

$$\begin{cases} x + y = 17 \\ 2x + 4y = 48 \end{cases}$$

No método da substituição, isolamos uma das variáveis em uma das equações e substituímos na outra equação. Vamos isolar x.

$x + y = 17 \rightarrow x = 17 - y$

Substituindo esse valor de x na 2ª equação:

$2x + 4y = 48 \rightarrow 2(17 - y) + 4y = 48$

Desenvolvendo-a, encontramos:

$34 - 2y + 4y = 48$

$2y = 14 \rightarrow y = 7$

Substituindo o valor de y na equação $x = 17 - y$:

$x = 17 - y \rightarrow x = 17 - 7 \rightarrow x = 10$

Resposta: No sítio há 10 ovelhas e 7 patos.

Exemplo 2

Em uma sala de aula havia 40 alunos. Quando 7 meninas saíram, o número de meninos passou a ser o dobro do número de meninas. Quantos meninos estavam na sala?

Resolução

Vamos chamar de **x** a quantidade de meninas e de **y** a quantidades de meninos.

$$\begin{cases} x + y = 40 \\ y = 2(x - 7) \end{cases}$$

Agora, vamos resolvê-lo. Como a incógnita **y** está isolada na segunda equação, podemos usar o método da substituição. Temos, então:

$$x + y = 40$$
$$x + 2(x - 7) = 40$$
$$x + 2x - 14 = 40$$
$$3x = 40 + 14$$
$$3x = 54$$
$$\frac{3x}{3} = \frac{54}{3}$$
$$x = 18$$

Substituindo esse valor na primeira equação, temos:

$$18 + y = 40$$
$$y = 40 - 18$$
$$y = 22$$

Logo, havia 22 meninos na sala de aula.

1. Em um estacionamento havia carros e motocicletas no total de 44 veículos e 152 rodas. Calcule o número de carros e de motocicletas estacionados.

2. Resolva os sistemas.

a) $\begin{cases} x + y = 5 \\ x - y = 1 \end{cases}$

b) $\begin{cases} x - y = 1 \\ x + y = 9 \end{cases}$

c) $\begin{cases} x = 2 + y \\ x + y = 6 \end{cases}$

d) $\begin{cases} y = 3 + x \\ x + y = 5 \end{cases}$

e) $\begin{cases} x - y = 2 \\ x + y = 12 \end{cases}$

f) $\begin{cases} x + y = 9 \\ x - y = 3 \end{cases}$

g) $\begin{cases} x = 5 - 2y \\ x + 3y = 10 \end{cases}$

h) $\begin{cases} y = 3 - 5x \\ x + 2y = 15 \end{cases}$

Método da adição

O **método da adição** é utilizado para eliminar uma das incógnitas na resolução de um sistema.

1º caso: quando os coeficientes de uma incógnita são simétricos.

$$\begin{cases} 2x - 5y = 2 \\ 3x + 5y = 28 \end{cases} \oplus \quad \text{(Somam-se as equações membro a membro.)}$$

$$5x = 30$$

$$x = \frac{30}{5} \rightarrow x = 6$$

Substituindo o valor de x em uma das equações, temos:

3x + 5y = 28

3 · 6 + 5y = 28

18 + 5y = 28

5y = 28 − 18 = 10

$y = \frac{10}{5} \rightarrow y = 2$

Solução: x = 6 e y = 2.

3. Resolva os sistemas.

a) $\begin{cases} x + y = 7 \\ x - y = 3 \end{cases}$

b) $\begin{cases} x + y = 2 \\ 2x - y = 1 \end{cases}$

c) $\begin{cases} 3x + 5y = 11 \\ 5x - 5y = 5 \end{cases}$

d) $\begin{cases} x + y = 7 \\ -x + y = -5 \end{cases}$

2º caso: quando os coeficientes de uma das incógnitas são iguais.

$$\begin{cases} 2x - 3y = 1 \\ 4x - 3y = 11 \end{cases}$$

Multiplicamos uma das equações por –1, de modo a obter coeficientes simétricos.

$$\begin{cases} -2x + 3y = -1 \\ \underline{4x - 3y = 11} \\ 2x = 10 \end{cases}$$

$$x = \frac{10}{2} \rightarrow x = 5$$

Substituindo o valor de x em uma das equações:

$2x - 3y = 1$

$2 \cdot 5 - 3y = 1$

$10 - 3y = 1$

$-3y = 1 - 10$

$-3y = -9 \rightarrow y = 3 \qquad S = \{(5,3)\}$

4. Resolva os sistemas.

a) $\begin{cases} 2x + y = 5 \\ 2x + 8y = 12 \end{cases}$

b) $\begin{cases} 5x - 4y = 15 \\ 6x - 4y = 18 \end{cases}$

c) $\begin{cases} 3x + 7y = 38 \\ x + 7y = 36 \end{cases}$

d) $\begin{cases} 6x + y = 25 \\ 6x - 2y = 10 \end{cases}$

e) $\begin{cases} x + y = 9 \\ x + 3y = 23 \end{cases}$

g) $\begin{cases} x - 5y = -7 \\ 5x - 5y = 5 \end{cases}$

f) $\begin{cases} x - y = 3 \\ x + 3y = 11 \end{cases}$

h) $\begin{cases} 8x - 2y = 10 \\ 13x - 2y = 10 \end{cases}$

3º caso: quando os coeficientes das incógnitas são diferentes e não simétricos.

$\begin{cases} 3x + 2y = 8 \\ 4x + 5y = 13 \end{cases}$

Multiplicamos uma das equações por –1, de modo a obter coeficientes simétricos.

$2x + 2y = 8 \cdot (4) \rightarrow$ $\quad 12x + 8y = 32$
$4x + 5y = 13 \cdot (-3) \rightarrow$ $\quad \underline{-12x - 15y = -39}$
$\qquad\qquad\qquad\qquad\qquad -7y = -7$
$\qquad\qquad\qquad\qquad\qquad\;\; y = 1$

Depois substituímos o valor de y em uma das equações.

$3x + 2y = 8$
$3x + 2 \cdot 1 = 8$
$3x + 2 = 8$
$3x = 8 - 2$
$3x = 6$
$\;x = 2$

Solução: $x = 2$ e $y = 1$.

5. Resolva os sistemas.

a) $\begin{cases} 2x - 8y = 32 \\ x + 3y = 2 \end{cases}$

b) $\begin{cases} 3x - 15y = 18 \\ 6x - 10y = 36 \end{cases}$

c) $\begin{cases} 6x + y = 37 \\ x + 3y = 9 \end{cases}$

d) $\begin{cases} 2x + 4y = 6 \\ x - 2y = 3 \end{cases}$

e) $\begin{cases} x + y = 2 \\ 6x + 2y = 10 \end{cases}$

f) $\begin{cases} 9x + 4y = 6 \\ 3x - 2y = -5 \end{cases}$

2. Sistema de equações com números fracionários

Determine a solução do sistema: $\begin{cases} x - y = 1 \\ \dfrac{x}{3} + \dfrac{y}{2} = 7 \end{cases}$

Resolução

1º passo: simplificar a 2ª equação.

$\dfrac{2x + 3y}{6} = \dfrac{42}{6}$ ou $2x + 3y = 42$

Podemos escrever o sistema da seguinte forma:

$\begin{cases} x - y = 1 \\ 2x + 3y = 42 \end{cases}$

Resolvendo-o, encontramos a seguinte solução: $x = 9$ e $y = 8$.

6. Resolva os sistemas.

a) $\begin{cases} \dfrac{x}{3} + \dfrac{y}{4} = 3 \\ \dfrac{x}{6} - \dfrac{y}{2} = -1 \end{cases}$

b) $\begin{cases} \dfrac{x}{2} + \dfrac{y}{4} = 4 \\ x - y = 2 \end{cases}$

c) $\begin{cases} \dfrac{x}{2} - \dfrac{y}{5} = 4 \\ 3x + y = 35 \end{cases}$

d) $\begin{cases} \dfrac{x}{2} + \dfrac{y}{3} = 3 \\ 3x - 2y = 6 \end{cases}$

7. Resolva os sistemas:

a) $\begin{cases} x + y = 6 \\ \dfrac{x}{2} + \dfrac{y}{3} = \dfrac{8}{3} \end{cases}$

b) $\begin{cases} x = 4 + y \\ \dfrac{x}{2} + \dfrac{y}{5} = 2 \end{cases}$

c) $\begin{cases} y = x - 2 \\ \dfrac{x}{5} + y = \dfrac{8}{5} \end{cases}$

d) $\begin{cases} x - y = -5 \\ 3 \cdot (x + y) = 27 \end{cases}$

e) $\begin{cases} x + y = 5 \\ 3 \cdot (x - y) = -3 \end{cases}$

f) $\begin{cases} \dfrac{x}{5} + \dfrac{y}{2} = \dfrac{13}{10} \\ y = 2x - 1 \end{cases}$

3. Problemas com equações de 1º grau com duas variáveis

Problema 1

A soma de dois números naturais é 30, e a diferença entre eles é 6. Quais são esses números?

Resolução

Vamos chamar de x o primeiro número e de y o segundo.
- a soma: x + y = 30
- a diferença: x − y = 6

Resolvendo o sistema pelo método da adição:

$$\begin{cases} x + y = 30 \\ x - y = 6 \end{cases}$$

$2x = 36 \rightarrow x = \dfrac{36}{2} \rightarrow x = 18$

Substituindo o valor de x na primeira equação:

x + y = 30

18 + y = 30

y = 30 − 18 → y = 12

Resposta: Os números são 18 e 12.

Problema 2

A soma das idades de um pai e de seu filho é 64 anos. A idade do pai é o triplo da idade do filho. Determine quantos anos tem cada um.

Resolução

x: idade do pai
y: idade do filho

x + y = 64
x = 3y

Substituindo x = 3y na primeira equação:

$3y + y = 64 \rightarrow 4y = 64 \rightarrow y = \dfrac{64}{4} \rightarrow y = 16$

x = 3y → x = 3 · 16 → x = 48

Resposta: O pai tem 48 anos e o filho tem 16.

8. Resolva os seguintes problemas.

a) Determine dois números cuja soma é 45 e um deles é o dobro do outro.

b) Determine dois números cuja diferença é 10 e um deles é o triplo do outro.

c) Duas famílias têm juntas 18 filhos. Uma delas possui o dobro da quantidade de filhos da outra. Quantos filhos tem cada família?

d) Determine dois números, sendo a soma 60 e a diferença 16.

e) Determine dois números cuja soma é 22 e a diferença entre o dobro do primeiro e o triplo do segundo é 9.

f) A soma de dois números é 20. O quíntuplo de um deles menos o triplo do outro é 4. Calcule esses números.

g) A soma das idades de duas pessoas é 42 anos. Sabe-se que uma delas tem 18 anos a mais que a outra. Calcule essas idades.

h) Foram distribuídos R$ 120,00 entre duas pessoas. Sabe-se que uma recebeu R$ 30,00 a mais que outra. Quanto recebeu cada uma?

i) Em uma oficina há automóveis e motocicletas, num total de 18 veículos e 56 rodas. Quantos são os automóveis e as motocicletas?

j) Em uma fazenda há porcos e galinhas, num total de 45 cabeças e 130 pés. Quantos são os animais de cada espécie?

k) Numa loja há bicicletas e triciclos (três rodas), num total de 69 rodas e 27 veículos. Quantas são as bicicletas e quantos são os triciclos?

CAPÍTULO 7 – RAZÕES E PROPORÇÕES

1. Razão entre duas grandezas

Razão entre duas grandezas corresponde ao quociente entre seus valores.

Observe o quadro.

Réptil	Tamanho máximo
Jacaré do Pantanal	2,5 m
Jacaré-açu, da Amazônia	6 m
Crocodilo que vive na Ásia e na Austrália (maior réptil do planeta)	7 m

a) Qual é a razão entre o comprimento:

- do maior réptil do planeta e do jacaré do Pantanal?

$$\frac{7m}{2,5\ m} = \frac{7}{2,5}$$

Resposta: A razão é de 7 para 2,5.

- do jacaré-açu e do jacaré do Pantanal?

$$\frac{6\ m}{2,5\ m} = \frac{6}{2,5}$$

Resposta: A razão é de 6 para 2,5.

- do jacaré-açu e do maior réptil do planeta?

$$\frac{6\ m}{7\ m} = \frac{6}{7}$$

Resposta: A razão é de 6 para 7.

b) Qual é a razão entre 1 m e 200 cm?

$$\frac{1\ m}{200\ cm} = \frac{1\ m}{2\ m} = \frac{1}{2}$$

Resposta: A razão é de 1 para 2.

2. Velocidade média

É a razão entre a distância percorrida por um móvel e o tempo gasto para percorrer essa distância.

Exemplo:

A velocidade média de um trem-bala que percorre 800 km em 2 horas é dada pela razão $\frac{800}{2h}$. Ou seja, a velocidade média desse trem é de 400 km/h.

1. Determine a velocidade média desenvolvida por um trem ao percorrer uma distância de 250 km em 5 horas.

2. Um motorista percorre uma distância de 220 km em 4 horas. Qual a velocidade média desenvolvida?

3. Densidade demográfica

É a razão entre o número de habitantes (população) de uma região e a área dessa região.

Exemplos:

Segundo IBGE (Instituto Brasileiro de Geografia e Estatística), a cidade de Florianópolis tem 421 240 habitantes, em uma área aproximada de 675 km².

Fonte: http://www.ibge.gov.br/cidadesat/painel/painel.php?codmun=420540 em 11/01/2013.

Sua densidade demográfica é dada pela razão:

$$d = \frac{421\ 240\ hab}{675\ km^2}$$

$$d \cong 624\ hab/km^2$$

A cidade de Rio Branco, capital do Acre, tem aproximadamente 336 038 habitantes em uma área de 8 836 km².

Sua densidade demográfica é de:

$$d = \frac{336\ 038\ hab}{8\ 836\ km^2} \cong 37\ hab/km^2$$

3. Um país tem 100 000 000 de habitantes e uma área de 5 000 000 km². Qual a densidade demográfica desse país?

4. Determine a densidade demográfica de uma cidade com 20 000 habitantes e uma área de 400 km².

4. Escala

Escala é a razão entre a medida do comprimento de um desenho e a medida do comprimento real do objeto. Exemplo:

A planta deste dormitório foi desenhada na escala de $\frac{1}{100}$ (1 : 100), o que significa dizer que cada 1 cm no desenho corresponde a 100 cm ou 1 metro do comprimento real.

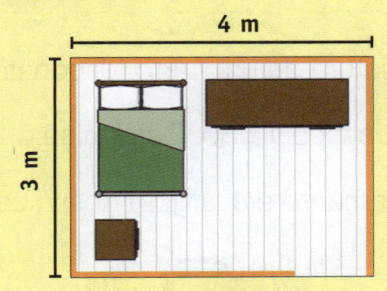

Sabendo que o desenho tem 4 cm de comprimento e 3 cm de largura, vamos calcular o comprimento real do quarto.

4 cm × 100 = 400 cm = 4 m
(comprimento real do quarto)

3 cm × 100 = 300 cm = 3 m
(largura real do quarto)

Logo, as dimensões reais do quarto são 4 m e 3 m.

Indicamos por 4 m × 3 m
(lê-se: 4 m por 3 m).

5. Em um desenho, um comprimento de 10 m está representado por 5 cm. Qual a escala utilizada para fazer esse desenho?

6. Sabendo que 10 cm em um desenho correspondem a 5 m na realidade, determine a escala usada nesse desenho.

7. A miniatura de um carro foi construída na escala de 1 : 50. Determine o comprimento e a largura desse carro.

4 cm
10 cm

8. Calcule a razão em quilômetros por hora de um carro que percorre 500 km em 5 horas.

5. Proporção

Dizer que a **razão** entre o número de meninas e o número de meninos de um colégio é $\frac{2}{3}$, significa:

- para cada 2 meninas existem 3 meninos, ou
- para cada 4 meninas existem 6 meninos, ou
- para cada 6 meninas existem 9 meninos etc.

Lembre-se que as frações $\frac{2}{3}$, $\frac{4}{6}$, $\frac{6}{9}$ são equivalentes. Simplificando as frações $\frac{4}{6}$ e $\frac{6}{9}$, chegaremos na fração $\frac{2}{3}$.

Chamamos a igualdade entre razões de **proporção**.

A proporção $\frac{4}{6} = \frac{6}{9}$ lê-se "4 está para 6 assim como 6 está para 9".

Para resolver um problema que envolve proporção, basta **multiplicar em cruz**, como mostra o exemplo:

$$\frac{3}{4} = \frac{x}{8} \rightarrow 4 \cdot x = 3 \cdot 8 \rightarrow$$

$$\rightarrow 4x = 24 \rightarrow x = \frac{3}{4} \rightarrow \boxed{x = 6}$$

9. Determine o valor de x nas proporções.

a) $\frac{15}{4} = \frac{30}{x}$

b) $\frac{3}{5} = \frac{x}{10}$

c) $\dfrac{1}{x} = \dfrac{3}{9}$

d) $\dfrac{x}{15} = \dfrac{1}{5}$

e) $\dfrac{x}{9} = \dfrac{3}{1}$

f) $\dfrac{y}{2} = \dfrac{15}{10}$

g) $\dfrac{5}{y} = \dfrac{3}{6}$

h) $\dfrac{7}{8} = \dfrac{14}{a}$

i) $\dfrac{t}{9} = \dfrac{2}{7}$

j) $\dfrac{10}{m} = \dfrac{1}{3}$

k) $\dfrac{1}{7} = \dfrac{x}{8}$

l) $\dfrac{11}{5} = \dfrac{x}{10}$

m) $\dfrac{45}{9} = \dfrac{15}{x}$

n) $\dfrac{z}{100} = \dfrac{216}{600}$

> **Outro exemplo de proporção:**
>
> $$\frac{1}{4} = \frac{x+3}{20} \rightarrow \frac{1}{4} = \frac{(x+3)}{20}$$
>
> (sempre coloque parênteses nas expressões)
>
> $4 \cdot (x+3) = 1 \cdot 20 \rightarrow 4x + 12 = 20$
>
> $4x = 20 - 12 \rightarrow 4x = 8$
>
> $x = \frac{8}{4} \rightarrow x = 2$

10. Determine o valor de x nas proporções a seguir.

a) $\dfrac{2}{x+1} = \dfrac{1}{5}$

b) $\dfrac{5}{x-3} = \dfrac{2}{8}$

c) $\dfrac{2}{9} = \dfrac{x+1}{18}$

d) $\dfrac{5}{x} = \dfrac{4}{x-1}$

e) $\dfrac{4}{3x+2} = \dfrac{1}{2}$

f) $\dfrac{3x}{4} = \dfrac{x+3}{2}$

g) $\dfrac{x+1}{x+2} = \dfrac{2}{3}$

h) $\dfrac{5x-3}{14} = \dfrac{1}{2}$

i) $\dfrac{x-1}{x-2} = \dfrac{3}{2}$

j) $\dfrac{2x-1}{x-2} = \dfrac{1}{2}$

CAPÍTULO 8 – GRANDEZAS PROPORCIONAIS

1. Regra de três

Regra de três é o processo utilizado para resolver problemas de proporcionalidade, em que são conhecidos três termos e se procura o valor do 4º termo.

Uma regra de três é simples quando há apenas duas grandezas envolvidas, e é composta quando há mais de duas.

2. Regra de três simples

Problema 1

Uma costureira gasta 18 metros de tecido para fazer 12 camisas. Quanto tecido ela gasta para fazer 16 camisas?

Resolução

camisas tecido (metros)
12   18
16   x

Observe: "Quanto mais camisas, mais tecido."

Então essas grandezas são **diretamente proporcionais**, e desenhamos as setas no mesmo sentido. Resolvendo a proporção:

$$\frac{12}{16} = \frac{18}{x} \qquad 12 \cdot x = 18 \cdot 16 \qquad 12x = 288 \longrightarrow x = \frac{288}{12} \longrightarrow x = 24$$

Resposta: Gastará 24 metros.

Problema 2

Seis homens constroem um muro em 12 dias. Quantos dias serão necessários para 9 homens construírem o mesmo muro?

Resolução

homens   dias
6   12
9   x

Observe: "Quanto mais homens menos dias."

Então essas grandezas são **inversamente proporcionais**, e desenhamos as setas em sentidos contrários.

Montamos a proporção invertendo os termos da razão que não possui o x.

$$\frac{9}{6} = \frac{12}{x} \qquad 9x = 6 \cdot 12 \qquad 9x = 72 \longrightarrow x = \frac{72}{9} \longrightarrow x = 8$$

Resposta: Serão necessários 8 dias.

Resolva os problemas.

1. Um automóvel com a velocidade de 60 km/h faz um percurso em 12 horas. Quanto tempo gastará para fazer o mesmo percurso com velocidade de 90 km/h?

2. Se 4 metros de um tecido custam R$ 18,00, quanto custarão 12 metros desse tecido?

3. Se 10 máquinas produzem 800 peças, quantas peças serão produzidas por 15 dessas máquinas?

4. Se 6 operários fazem um trabalho em 30 dias, em quantos dias 15 operários farão o mesmo trabalho?

5. Um automóvel com a velocidade de 40 km/h faz uma viagem em 5 horas. Qual deverá ser sua velocidade para fazer a mesma viagem em 2 horas?

6. Um operário ganha R$ 600,00 em 20 dias. Quanto receberá se trabalhar apenas 6 dias?

7. Um automóvel percorre 120 km com 15 litros de gasolina. Quantos litros serão necessários para percorrer 200 km?

8. Se em 200 litros de gasolina há 50 litros de álcool, quantos litros de álcool haverá em 300 litros dessa gasolina?

3. Regra de três composta

Exemplo 1

Sabendo que 9 mulheres fazem 200 camisas em 10 dias, quantas camisas 18 mulheres farão em 15 dias?

Resolução

mulheres	camisas	dias
9	200	10
18	x	15

Por convenção, adotamos a seta para baixo na razão que possui o x, e a comparamos com cada uma das grandezas. Observe.

- Quanto mais mulheres, mais camisas. Então, a quantidade de mulheres e de camisas são diretamente proporcionais. Logo, adotamos seta para baixo na razão "mulheres".
- Quanto mais dias, mais camisas. Então, dias e camisas são diretamente proporcionais. Logo, na razão "dias" também adotamos seta para baixo.

| 9 ↓ | 200 ↓ | 10 ↓ |
| 18 | x | 15 |

Por fim, escrevemos a razão que contém x igual ao produto das outras razões.

$$\frac{200}{x} = \frac{9}{18} \cdot \frac{10}{15} \longrightarrow \frac{200}{x} = \frac{90}{270} \qquad 90 \cdot x = 200 \cdot 270$$

$$90x = 54\,000 \longrightarrow x = \frac{54\,000}{90} \longrightarrow \boxed{x = 600}$$

Resposta: Farão 600 camisas.

Exemplo 2

Dez operários fazem uma casa em 8 dias, trabalhando 6 horas por dia. Quantos operários são necessários para fazer uma casa igual em 12 dias, trabalhando 2 horas por dia?

Resolução

operários	dias	horas/dia
10 ↓	8 ↑	6 ↑
x	12	2

Na razão que possui o x, por convenção, adotamos a seta para baixo.

- Quanto mais operários, menos dias são necessários para construir o muro. Então, a quantidade de operários e de dias são inversamente proporcionais. Assim, na razão "dias" adotamos a seta para cima.
- Quanto mais operários, menos horas por dia são necessárias para construir o muro. Então, a quantidade de operários e de horas/dia são inversamente proporcionais. Logo, na razão "horas" adotamos seta para cima.

Por fim escrevemos a razão que contém x igual ao produto das outras razões. Assim:

$$\frac{10}{x} = \frac{12}{8} \cdot \frac{2}{6} \longrightarrow \frac{10}{x} = \frac{24}{48} \qquad 24 \cdot x = 48 \cdot 10 \longrightarrow 24x = 480 \qquad x = \frac{480}{24} \longrightarrow x = 20$$

Resposta: Serão necessários 20 operários.

9. Se 12 máquinas produzem 1 200 peças, trabalhando 8 horas por dia, quantas peças serão produzidas por 6 dessas máquinas, trabalhando 10 horas por dia?

10. Se 8 operários, trabalhando 7 horas por dia, constroem uma ponte em 15 dias, quantos operários serão necessários para construir essa mesma ponte em 14 dias, trabalhando 6 horas por dia?

11. Se 10 kg de arroz alimentam 36 pessoas durante 30 dias, quantos quilogramas serão necessários para alimentar a metade dessas pessoas durante 45 dias?

12. Os 2 500 operários de uma indústria automobilística produzem 500 veículos em 30 dias, trabalhando 8 horas por dia. Quantos dias serão necessários para 1 200 desses operários produzirem 450 veículos, trabalhando 10 horas por dia?

13. Uma máquina escava um túnel de 20 metros em 12 dias, trabalhando 4 horas por dia. Em quantos dias 4 dessas máquinas escavarão um túnel de 80 metros, trabalhando 6 horas por dia?

CAPÍTULO 9 – PORCENTAGEM E JURO

1. Porcentagem

Observe: $\dfrac{3}{100}$

Como essa razão tem denominador 100, a chamamos de **razão centesimal** ou **porcentual**.

Podemos representar a razão $\dfrac{3}{100}$ por 3%. (lê-se três por cento).

Converta a fração $\dfrac{3}{4}$ para uma razão centesimal e apresente-a como uma porcentagem.

$\dfrac{3}{4} = \dfrac{x}{100}$ (multiplicamos em cruz)

$4x = 3 \cdot 100$

$4x = 300 \longrightarrow x = \dfrac{300}{4} \longrightarrow x = 75$

Então: $\dfrac{3}{4} = \dfrac{75}{100} = 75\%$

1. Observe o exemplo e escreva as frações como porcentagens.

$\dfrac{5}{100} = 5\%$

a) $\dfrac{8}{100} =$

b) $\dfrac{15}{100} =$

c) $\dfrac{0}{100} =$

d) $\dfrac{1}{100} =$

e) $\dfrac{100}{100} =$

f) $\dfrac{90}{100} =$

2. Observe o exemplo e escreva as porcentagens como razões centesimais.

$8\% = \dfrac{8}{100}$

a) 7% =

b) 13% =

c) 1,5% =

d) 10% =

e) 20% =

f) 0,5% =

3. Converta as frações em razões centesimais, e as apresente como porcentagens.

a) $\dfrac{2}{5}$

b) $\dfrac{4}{8}$

c) $\dfrac{3}{10}$

d) $\dfrac{5}{20}$

e) $\dfrac{7}{4}$

4. Agora, determine a solução dos problemas que seguem.

a) Em uma urna há 40 bolas das quais 30% são verdes. Quantas são as bolas verdes?

b) Em uma cidade há 20 000 habitantes dos quais 60% são mulheres. Quantas são as mulheres nessa cidade?

Exemplo:

Em uma cesta há 60 laranjas das quais 20% estão estragadas. Quantas laranjas estão estragadas?

60 ——— 100% (60 laranjas correspondem a 100%)
x ——— 20%   (x laranjas correspondem a 20%)

$\dfrac{60}{x} = \dfrac{100}{20}$

Resolvendo a regra de três simples:

$100 \cdot x = 20 \cdot 60$ (multiplicamos em cruz)

$100x = 1\,200$

$x = \dfrac{1200}{100} \longrightarrow x = 12$

Logo, 12 laranjas estão estragadas.

c) Numa classe de 40 alunos, 15% foram reprovados. Quantos alunos foram reprovados?

d) Uma televisão custa R$ 900,00 a prazo; à vista tem um desconto de 20%. Comprando à vista, quanto pouparei?

e) Um rádio que custava R$ 400,00 sofreu um desconto de 12%. Quanto pagarei por ele?

2. Juro simples

Observe a situação.

Depositei R$ 2 000,00 em um banco, à taxa de 10% ao ano, e recebi após 1 ano R$ 200,00 de renda.

Chamamos: **c** = capital inicial (depósito)
c = R$ 2 000,00
i = taxa percentual ou razão centesimal
i = 10% a.a. (ao ano)
t = tempo (período da aplicação) t = 1 ano
j = juro (renda obtida)
j = R$ 200,00

Assim, chegamos à seguinte fórmula para determinar o valor do juro obtido:

$$j = \frac{c \cdot i \cdot t}{100}$$

Substituindo os valores fornecidos na situação descrita, temos:

$$j = \frac{2\,000 \cdot 10 \cdot 1}{100} = \frac{20\,000}{100} = 200$$

Assim, j = R$ 200,00.

Agora, acompanhe os exercícios resolvidos

A) Qual é a taxa que deve ser aplicada para que o capital de R$ 20 000,00, em 3 anos, renda um juro de R$ 1 200,00?
c = 20 000
t = 3
j = 1 200
i = ?

Substituindo em $j = \frac{c \cdot i \cdot t}{100}$:

$$1\,200 = \frac{20\,000 \cdot i \cdot 3}{100}$$

$$1\,200 = \frac{60\,000 \cdot i}{100}$$

$$\frac{1200 \cdot 100}{60\,000} = i \longrightarrow \frac{110\,000}{60\,000} = i$$

$$i = \frac{12}{6} = 2 \longrightarrow i = 2$$

Resposta: A taxa é 2% a.a.

B) Qual o capital que devo ter para ganhar R$ 50,00 de juro a 2% a.a., durante 5 anos?
j = 50
i = 2
t = 5
c = ?

Substituindo em $j = \frac{c \cdot i \cdot t}{100}$:

$$50 = \frac{c \cdot 2 \cdot 5}{100}$$

$$\frac{50 \cdot 100}{10} = \frac{5\,000}{10} = c$$

c = 500

Resposta: O capital é R$ 500,00.

C) Durante quanto tempo devo empregar R$ 200,00, a 6% a.a., para ganhar R$ 36,00?
j = 36
i = 6
c = 200
t = ?

Substituindo em $j = \frac{c \cdot i \cdot t}{100}$:

$$36 = \frac{200 \cdot 6 \cdot t}{100} \longrightarrow 36 = \frac{1200 \cdot t}{100} \longrightarrow$$

$$\longrightarrow \frac{30 \cdot 100}{1\,200} = t \longrightarrow \frac{3\,600}{1\,200} = t$$

$$t = \frac{36}{12} = 3 \longrightarrow t = 3$$

Resposta: O tempo é 3 anos.

5. Depositei em um banco R$ 300,00 a 6% a.a., durante 5 anos. Quanto ganhei de juro?

6. Que capital produz em 2 anos, a 5% a.a., o juro de R$ 60,00?

7. O capital de R$ 16 000,00, durante 2 anos, rendeu R$ 640,00. Qual foi a taxa de juro anual?

8. Durante quanto tempo devo aplicar um capital de R$ 40 000,00, a 20% a.a., para obter de juro uma importância igual ao capital aplicado?

9. Qual o juro produzido por R$ 600,00, em 2 anos, à taxa de 5% a.m.?

10. Qual o juro produzido por R$ 5 000,00, em 15 dias, à taxa de 2% a.m.?

11. Durante quanto tempo devo aplicar um capital de R$ 5 000,00, a 20% a.m., para obter de juro uma importância igual ao dobro do capital aplicado?

As unidades de medida devem ser compatíveis

A taxa percentual e tempo devem ser compatíveis, isto é:
- Quando a taxa for anual temos que trabalhar com o tempo em anos;
- Quando a taxa for mensal temos que trabalhar com o tempo em meses;
- Quando tivermos taxa diária temos que trabalhar com tempo em dias.

Porém, nem sempre isso acontece. Então, é necessário fazer as devidas conversões antes da resolução do problema.

Exemplo:
c = R$ 500,00
i = 2% a.m. (ao mês)
t = 1 ano = 12 meses
j = ?

Primeiro convertemos a unidade de medida do tempo, de ano para meses, de modo que fique compatível com o tempo da taxa percentual. Depois, efetuamos os cálculos para determinar o valor de **j**.

$$j = \frac{500 \cdot 2 \cdot 12}{100} = \frac{12\,000}{100} = 120$$

j = R$ 120,00

12. Calcule o juro que um capital de R$ 18 600,00 produz em 12 meses à taxa de 30% a.a.

13. Qual o capital que devo empregar durante 18 meses, à taxa de 24% ao ano, para obter um juro de R$ 7 920,00?

CAPÍTULO 10 – GEOMETRIA

1. Ângulos

Adotamos o grau como unidade de medida de ângulos.

Vamos determinar a medida do ângulo AÔB com auxílio de um transferidor.

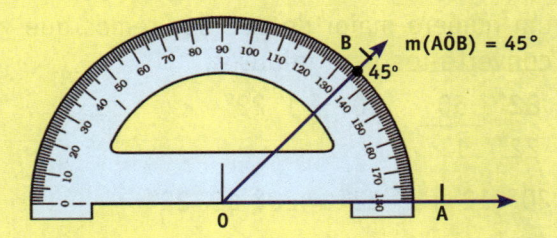

m(AÔB) = 45°

Os submúltiplos do grau são o minuto (1° = 60′) e o segundo (1′ = 60″).

Exemplo: Represente numericamente o ângulo de medida vinte e seis graus, quinze minutos e nove segundos.

Resposta: 26° 15′ 9″

1. Represente o ângulo cuja medida é:

a) trinta e oito graus. ☐

b) sessenta e dois graus e quinze minutos. ☐

c) vinte graus e oito minutos. ☐

d) doze graus, treze minutos e quarenta segundos. ☐

e) um grau, vinte e cinco minutos e três segundos. ☐

2. Complete com o valor correspondente:

a) 1° corresponde a ☐ minutos.

b) 3° correspondem a ☐ minutos.

c) 1′ corresponde a ☐ segundos.

d) 5′ correspondem a ☐ segundos.

e) 1° corresponde a ☐ segundos.

f) 10° correspondem a ☐ segundos.

g) 120′ correspondem a ☐ graus.

h) 360′ correspondem a ☐ graus.

i) 240″ correspondem a ☐ minutos.

j) 3 600″ correspondem a ☐ grau.

Exemplos:

a) 40° 15′ correspondem a quantos minutos?
40° correspondem a 40 × 60′ = 2 400′.
2 400′ + 15′ = 2 415′
Resposta: 2 415′

b) 20° 12′ 18″ correspondem a quantos segundos?
20° correspondem a 20 × 60′ = 1 200′.
1 200′ + 12′ = 1 212′
1 212′ correspondem a 1 212 × 60″
1 212′ = 72 720″
72 720″ + 18″ = 72 738″
Resposta: 72 738″

3. Agora, complete as lacunas das sentenças seguintes.

a) 15° 12′ correspondem a ☐ minutos.

b) 5° 35' correspondem a ☐ minutos.

c) 10° 50' correspondem a ☐ minutos.

d) 30° 15' correspondem a ☐ segundos.

e) 20° 20' 20" correspondem a ☐ segundos.

2. Conversão das unidades de medida de ângulos

> Os minutos e segundos, quando expressos por números maiores ou iguais a 60, devem ser convertidos para a unidade de medida imediatamente superior.
>
> Exemplo: 20° 12' 82"
>
> Como os segundos são expressos por um número maior do que 60, temos que convertê-los para minutos.
>
> 82" | 60   80" = 1' 22"
> 22"   1'
>
> 20° 12' + 1' 22" = 20° 13' 22"

4. Agora, complete as lacunas, fazendo as conversões necessárias.

a) 5° 65' correspondem a ☐ graus e ☐ minutos.

b) 72° 80' correspondem a ☐ graus e ☐ minutos.

c) 2° 02' 75" correspondem a ☐ graus, ☐ minutos e ☐ segundos.

d) 16° 89' 70" correspondem a ☐ graus, ☐ minutos e ☐ segundos.

3. Operações com medidas de ângulos

Adição e subtração

Exemplo:
12° 35' 18" + 5° 45' 12"

```
+  12°   35'   18"
    5°   45'   12"
   ───────────────
   17°   80'   30"
```

Como 80' > 60', devemos converter 80' para graus:

```
80' | 60
20'   1°
```

Assim: 12° 35' 18" + 5° 45' 12" =
= 18° 20' 30"

5. Agora, efetue as seguintes operações.

a) 25° 12' + 35° 20'

b) 8° 18' 10" + 10° 15' 30"

c) 25° 10' − 12° 05'

d) 58° 20' 45" − 18° 12' 15"

e) 12° 50' + 18° 20'

f) 51° 20' − 10° 30'

g) 15° 32' 10" − 4° 20' 30"

h) 32° 20' 40" + 17° 50' 12"

Multiplicação da medida de um ângulo por um número natural

> Para multiplicar a medida de um ângulo por um número natural, basta multiplicar os graus, minutos e segundos por esse número e, quando necessário, fazer as devidas conversões de unidades de medida.

6. Efetue as multiplicações.

a) 5° 12' 10" × 3

b) 12° 08' × 5

c) 15° 10' × 6

d) 15° 18' 32" × 2

e) 50° 12' 30" × 4

f) 3° 02' 06" × 10

g) 5° 31' 04" × 3

Divisão da medida de um ângulo por um número natural

Para dividir a medida de um ângulo por um número natural, dividimos os graus pelo número dado. Se houver resto em graus, os convertemos para minutos, somando aos minutos do ângulo; e dividimos o valor obtido pelo número dado. Se houver resto em minutos, basta convertê-lo para segundos, adicionar aos segundos do ângulo, e dividir essa soma pelo número dado.

Exemplo:

```
  25° 13' 20"  | 2
  24°          | 12° 36' 40"
   1° 13' 20"
  60' + 13' 20"
    73'    20"
    72'
     1'    20"
    60" + 20"
         80"
         80"
          0
```

7. Agora, efetue as divisões.

a) 25° 30' ÷ 5

b) 27° 12' ÷ 2

c) 50° 16' 40" ÷ 2

d) 7° 15' 12" ÷ 2

e) 16° 08' 24" ÷ 4

f) 17° 13' 20" ÷ 5

4. Ângulo reto, ângulo agudo e ângulo obtuso

- Um **ângulo reto** mede 90°.

- **Ângulos agudos** são ângulos que medem menos de 90°.

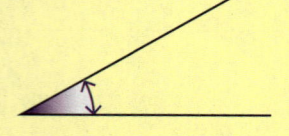

- **Ângulos obtusos** medem mais de 90° e menos de 180°.

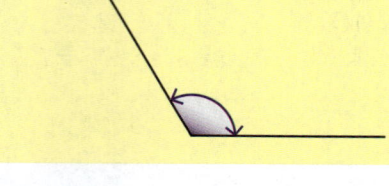

8. Classifique as sentenças em verdadeiro (V) ou falso (F).

a) Os ângulos retos medem 90°. ☐

b) A medida de um ângulo agudo é maior que 90°. ☐

c) Dois ângulos retos são congruentes. ☐

d) A medida de um ângulo obtuso é maior que 90°. ☐

e) Dois ângulos obtusos são sempre congruentes. ☐

f) A medida de um ângulo obtuso é maior que a de um ângulo agudo. ☐

5. Ângulos congruentes

Dois ângulos opostos por um vértice são congruentes, pois têm a mesma medida.

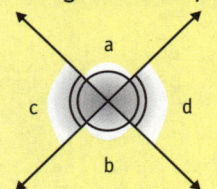

a = b   e   c = d

A bissetriz de um ângulo divide-o em dois outros ângulos congruentes.

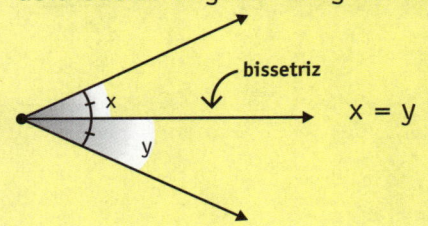

x = y

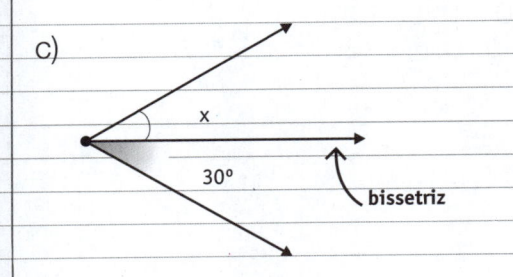

d)

40°   x + 20°

bissetriz

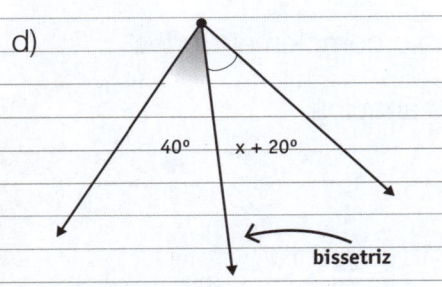

6. Ângulos complementares e ângulos suplementares

- Dois ângulos são **complementares** quando a soma de suas medidas é igual a 90°.
- Dois ângulos são **suplementares** quando a soma de suas medidas é igual a 180°.

9. Calcule o valor de x nos itens abaixo.

a) 50°, x

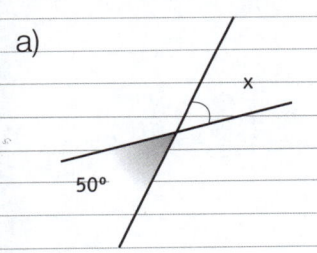

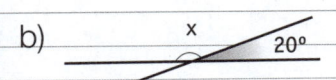

b) x, 20°

c) x, 30°, bissetriz

Exemplo 1

Calcule o complemento de 25° 20'.

$$\begin{array}{r} 90° \\ -\ 25°\ 20' \\ \hline ? \end{array}$$

$$\begin{array}{r} 89°\ 60' \\ -\ 25°\ 20' \\ \hline 64°\ 40' \end{array}$$

O complemento de 25° 20' é 64° 40'.

Exemplo 2

Calcule o suplemento de 100° 12' 40".

$$\begin{array}{r} 180° \\ -\ 100°\ 12'\ 40" \\ \hline ? \end{array}$$

180° = 179° 60' = 179° 59' 60"

Assim:

$$\begin{array}{r} 179°\ 59'\ 60" \\ -\ 100°\ 12'\ 40" \\ \hline 79°\ 47'\ 20" \end{array}$$

O suplemento de 100° 12' 40" é 79° 47' 20".

10. Determine o complemento dos seguintes ângulos.

a) 40°

b) 25°

c) 10° 12'

d) 15° 40'

e) 5° 10' 20"

f) 38° 02' 30"

11. Determine o suplemento dos seguintes ângulos.

a) 100°

b) 125°

c) 120° 30'

d) 118° 12'

e) 150° 15' 30"

f) 130° 10' 10"

12. Chamando de x a medida de um ângulo qualquer, escreva, em linguagem matemática, as seguintes sentenças:

a) O dobro da medida de um ângulo.

b) O triplo da medida de um ângulo.

c) A metade da medida de um ângulo.

d) A terça parte da medida de um ângulo.

e) O quádruplo da medida de um ângulo.

f) A quinta parte da medida de um ângulo.

g) O complemento de um ângulo.

h) O suplemento de um ângulo.

i) O dobro do complemento de um ângulo.

j) A terça parte do suplemento de um ângulo.

Resolva os seguintes problemas.

13. A medida de um ângulo mais o seu dobro é igual a 120°. Determine esse ângulo.

14. Dois ângulos são complementares e a medida de um deles é o dobro da medida do outro. Determine esses ângulos.

15. Determine o ângulo cujo dobro de sua medida mais 10° é igual a 140°.

16. O triplo da medida de um ângulo menos a medida desse ângulo é igual a 90°. Determine esse ângulo.

17. A medida de um ângulo mais sua terça parte é igual a 40°. Determine esse ângulo.

18. O dobro da medida de um ângulo mais sua quinta parte é igual a 22°. Determine esse ângulo.

19. O dobro da medida de um ângulo mais seu complemento é igual a 130°. Qual é esse ângulo?

20. O suplemento de um ângulo menos o dobro da medida desse ângulo é igual a 30°. Qual é esse ângulo?

21. Um ângulo mais a metade do seu complemento é igual a 75°. Determine esse ângulo.

22. A medida de um ângulo menos seu complemento é igual a 50°. Determine esse ângulo.

23. Dois ângulos são suplementares e a medida de um deles é o triplo da medida do outro. Determine esses ângulos.

24. O dobro do complemento de um ângulo mais o suplemento desse mesmo ângulo é igual a 240°. Determine esse ângulo.

25. A medida de um ângulo menos seu suplemento é igual a 80°. Qual é esse ângulo?

26. Dois ângulos são suplementares e a diferença entre suas medidas é 100°. Determine esses ângulos.

7. Triângulos

> Classificação quanto aos lados:
> - **equilátero**: tem três lados congruentes.
> - **isósceles**: tem dois lados congruentes.
> - **escaleno**: seus lados não são congruentes.
>
> Classificação quanto aos ângulos:
> - **acutângulo**: tem três ângulos agudos.
> - **retângulo**: tem um ângulo reto.
> - **obtusângulo**: tem um ângulo obtuso.

27. Classifique os triângulos quanto aos lados.

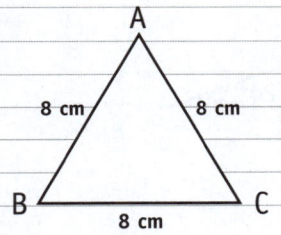

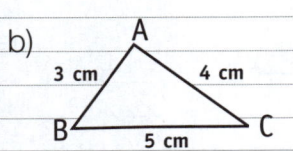

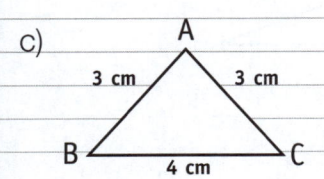

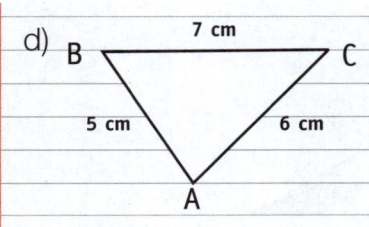

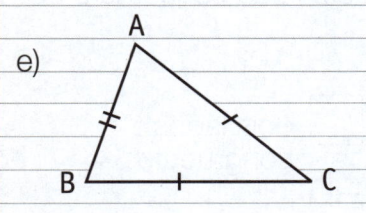

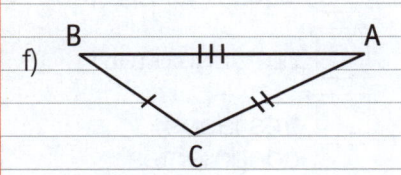

a) Triângulo ABC com AB = 8 cm, AC = 8 cm, BC = 8 cm.

b) Triângulo ABC com AB = 3 cm, AC = 4 cm, BC = 5 cm.

c) Triângulo ABC com AB = 3 cm, AC = 3 cm, BC = 4 cm.

d) Triângulo ABC com BC = 7 cm, AB = 5 cm, AC = 6 cm.

e) Triângulo ABC com marcas indicando AB ≅ AC e BC com marca simples.

f) Triângulo ABC com BA com três marcas, BC com uma marca e CA com duas marcas.

28. Classifique os triângulos quanto aos ângulos.

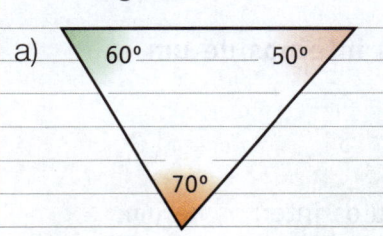

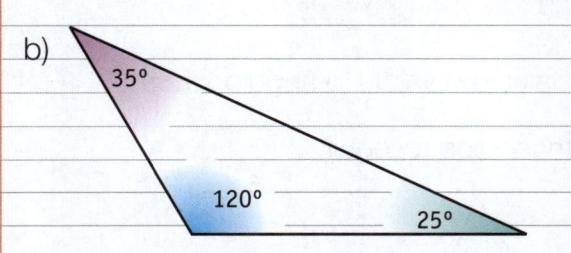

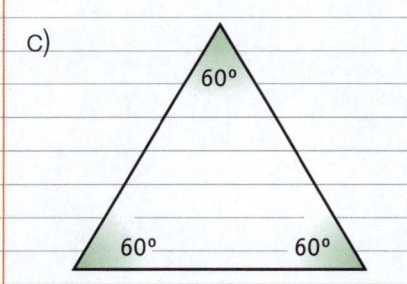

a) Triângulo com ângulos 60°, 50° e 70°.

b) Triângulo com ângulos 35°, 120° e 25°.

c) Triângulo com ângulos 60°, 60° e 60°.

d) [triângulo com ângulos 60°, 90°, 30°]

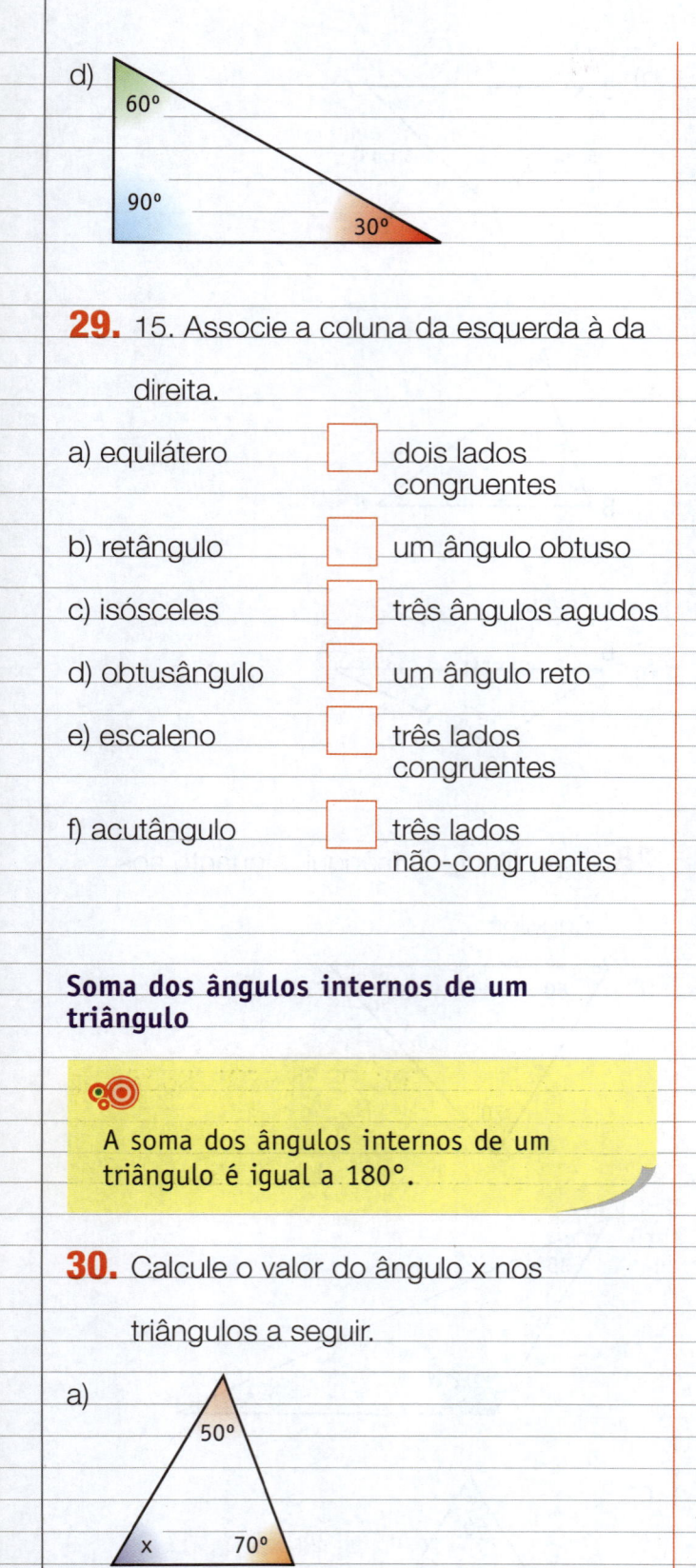

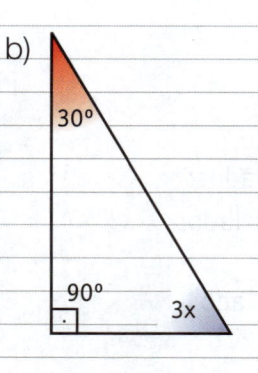

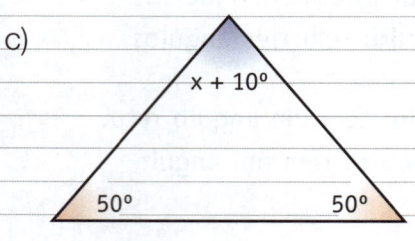

b) [triângulo com ângulos 30°, 90°, 3x]

29. 15. Associe a coluna da esquerda à da direita.

a) equilátero ☐ dois lados congruentes

b) retângulo ☐ um ângulo obtuso

c) isósceles ☐ três ângulos agudos

d) obtusângulo ☐ um ângulo reto

e) escaleno ☐ três lados congruentes

f) acutângulo ☐ três lados não-congruentes

c) [triângulo com ângulos x + 10°, 50°, 50°]

d) [triângulo com ângulos 30°, 2x − 10°, 20°]

Soma dos ângulos internos de um triângulo

> A soma dos ângulos internos de um triângulo é igual a 180°.

30. Calcule o valor do ângulo x nos triângulos a seguir.

a) [triângulo com ângulos 50°, x, 70°]

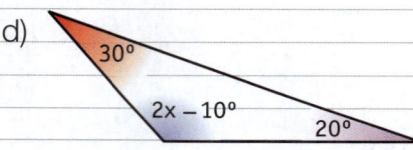

e) [triângulo com ângulos 2x, x − 10°, x + 30°]

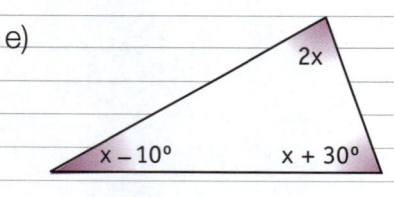

f) [triângulo com ângulos 3x, x, x/2]

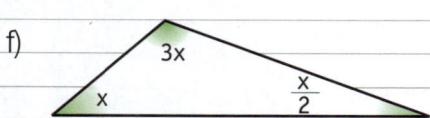

8. Quadriláteros

Classificação

Paralelogramos

São os quadriláteros que possuem os lados opostos paralelos.

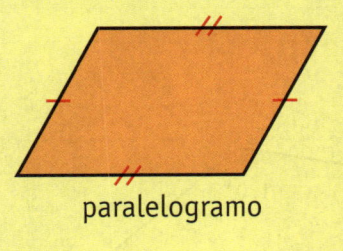

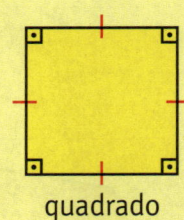

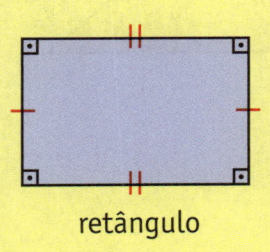

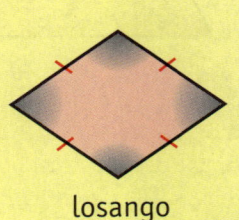

paralelogramo   quadrado

retângulo   losango

Trapézios

São os quadriláteros que possuem somente dois lados paralelos.

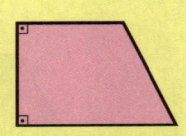

trapézio isósceles   trapézio retângulo

trapézio escaleno

---

31. Observe o diagrama e escreva V ou F nas afirmativas a seguir.

(diagrama com conjuntos: **retângulos**, **trapézios**, **quadriláteros**, **losangos**, **paralelogramos**)

a) Todo quadrado é paralelogramo. ☐

b) Todo paralelogramo é quadrado. ☐

c) Todo quadrado é losango. ☐

d) Todo losango é quadrado. ☐

e) Todo quadrado é losango e retângulo ao mesmo tempo. ☐

f) Todo quadrilátero é paralelogramo. ☐

g) O trapézio isósceles possui os lados não paralelos congruentes. ☐

h) O trapézio retângulo possui quatro ângulos retos. ☐

i) O trapézio escaleno possui os quatro lados não-congruentes. ☐

j) Paralelogramo é o quadrilátero que possui os lados opostos paralelos. ☐

Soma dos ângulos internos de um quadrilátero

> A soma dos ângulos internos de um quadrilátero é igual a 360°.

32. Determine o valor do ângulo x nos seguintes quadriláteros.

a)

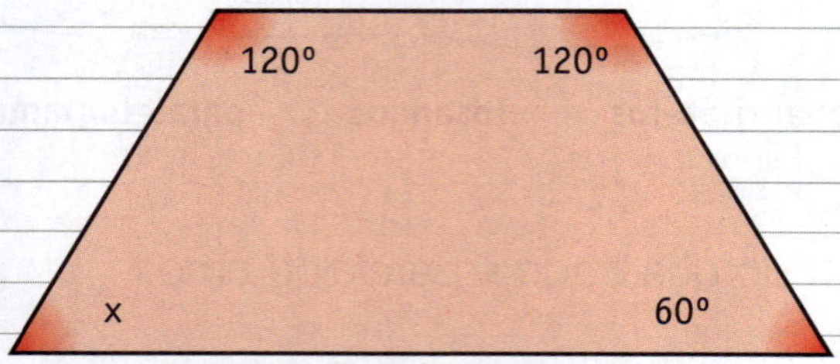

b)

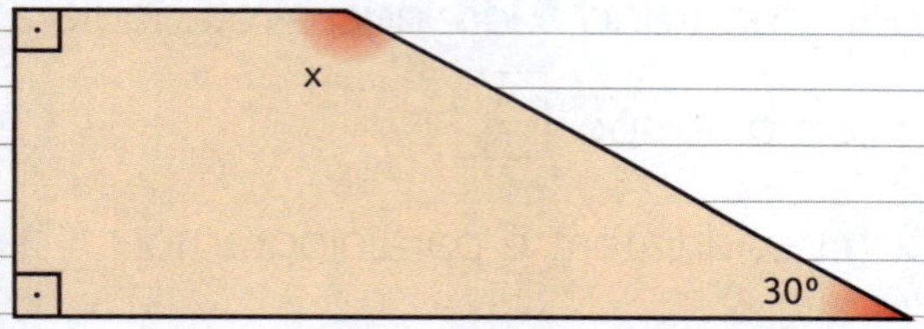

c)

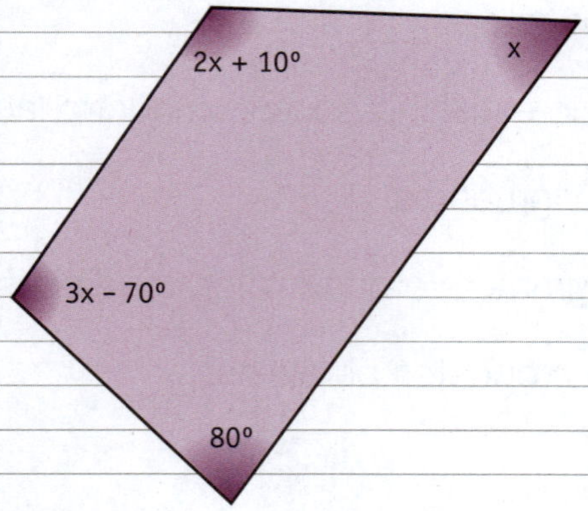

d)

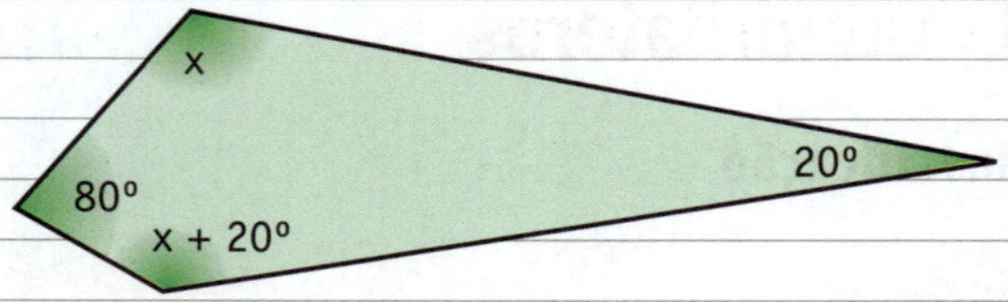

e)

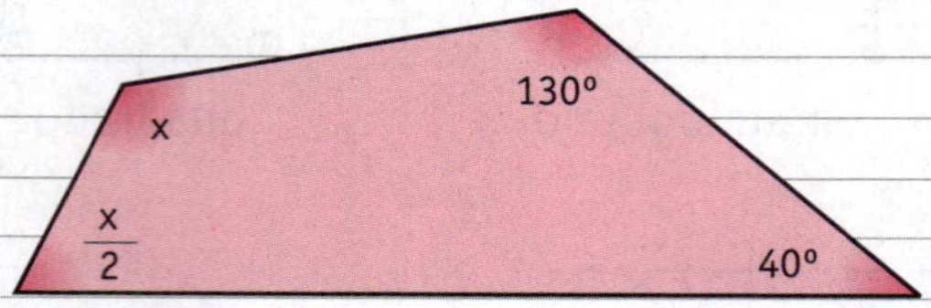

f)

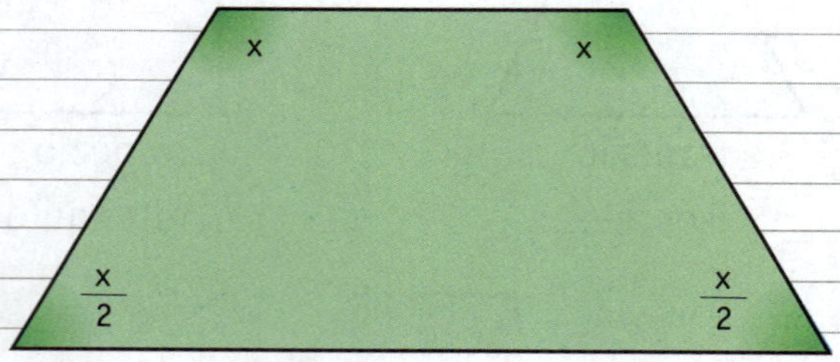

9. Circunferência

Circunferência é o lugar geométrico dos pontos de um plano que estão a mesma distância de um ponto desse plano (centro).

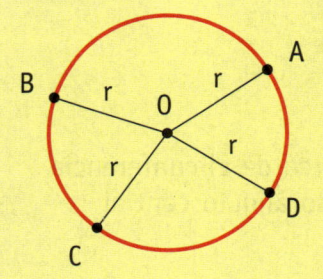

- O é o **centro** da circunferência.
- A distância constante de medida r é o **raio** da circunferência.
- Representamos a circunferência por C (O, r). (Lê-se: circunferência de centro O e raio r.)

33. Qual é a medida do raio de cada circunferência?

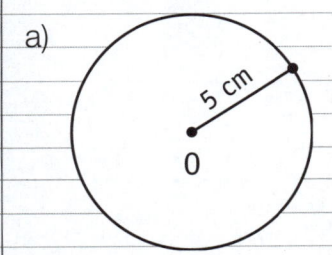

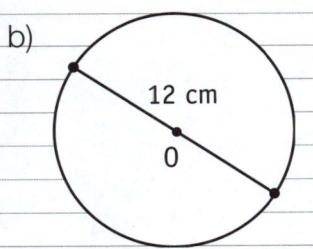

a) 5 cm

b) 12 cm

10. Arco, corda e diâmetro

Arco é uma da partes em que uma circunferência fica dividida por dois de seus pontos.

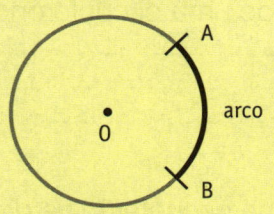

Indica-se o arco AB por $\widehat{AB}$.

Corda é o nome dado ao segmento que tem por extremos dois pontos da circunferência (une as extremidades de um arco).

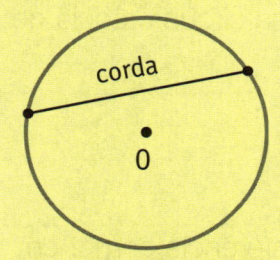

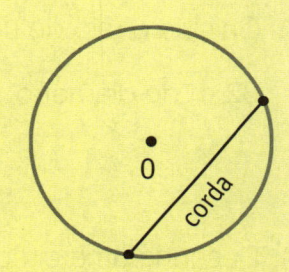

Diâmetro é a corda que passa pelo centro da circunferência. É a linha que divide a circunferência em duas partes iguais.

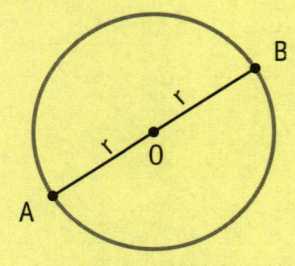

A medida do diâmetro é igual a duas vezes a medida do raio.

$$m(\overline{AB}) = 2 \times r$$

O diâmetro divide a circunferência em duas regiões denominadas **semicircunferências**.

34. Calcule o que se pede.

a) Se o raio de uma circunferência mede 7 cm, calcule a medida de seu diâmetro.

b) Calcule o diâmetro de uma circunferência de raio 10 dm.

c) Calcule o raio de uma circunferência de diâmetro 26 cm.

d) Calcule o raio de uma circunferência de 32 m de diâmetro.

e) Desenhe uma circunferência com 2 cm de raio.

Nela, trace uma corda de 3 cm e uma de 4 cm.

Ângulo central

Ângulo central é o que tem como vértice o centro da circunferência.

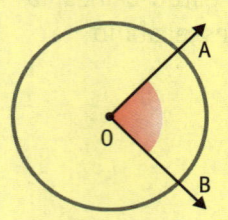

A medida de um arco de circunferência é igual à medida do ângulo central correspondente.

m (AB) = m (AÔB)

35. Agora calcule o valor da medida do arco x.

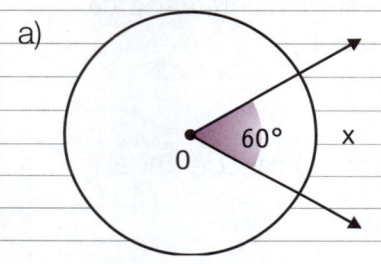

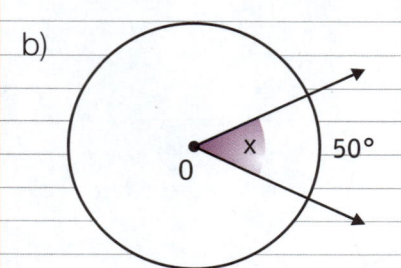

a) 60°

b) 50°

c)

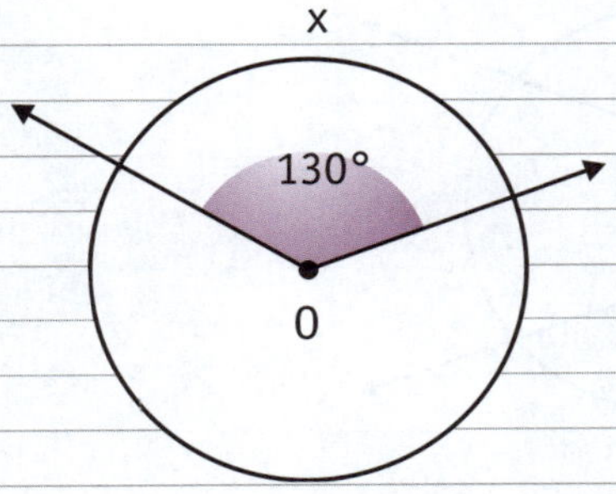

d)

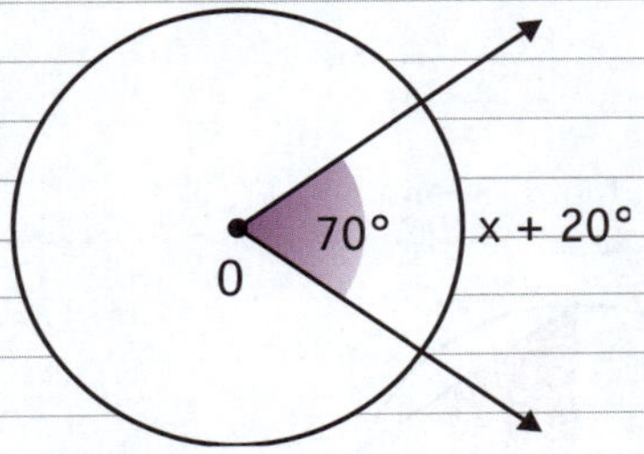

e)

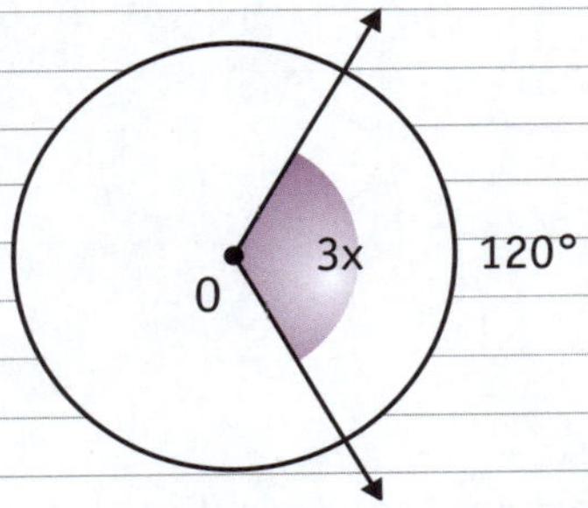

f)

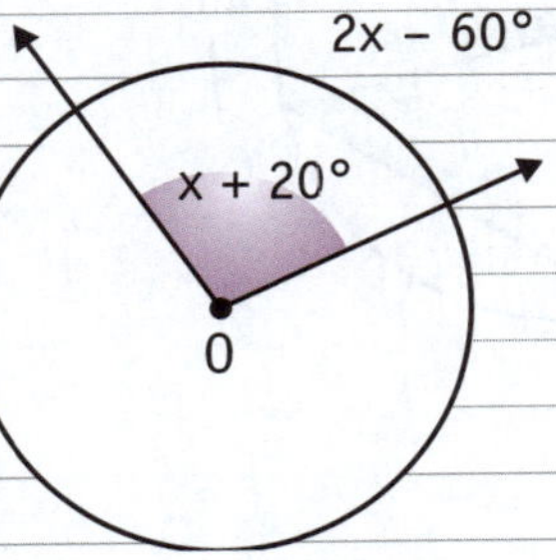

Ângulo inscrito

Ângulo inscrito é o ângulo cujo vértice pertence à circunferência e cujos lados são secantes à circunferência.

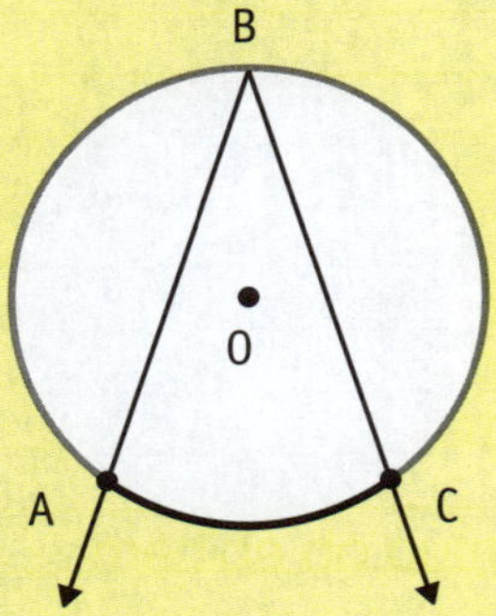

A medida do ângulo inscrito é igual à metade da medida do arco correspondente.

$$m\,(A\hat{B}C) = \frac{1}{2}\,m\,(\overset{\frown}{AC})$$

Exemplo:

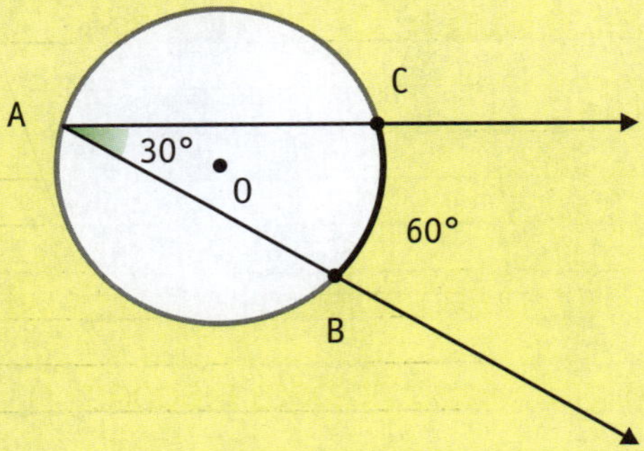

36. Calcule o valor de **x**.

a)

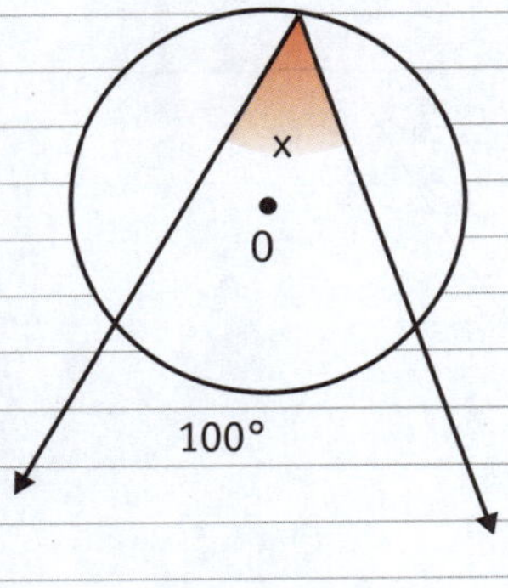

b) 40°, x

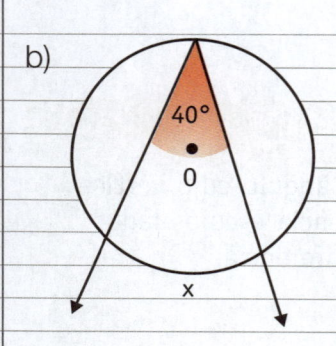

c) x, 90°

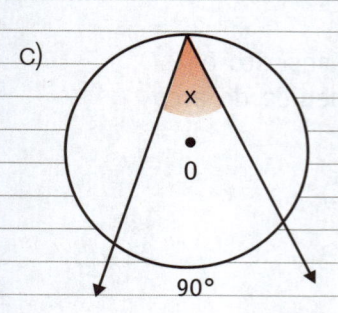

d) 120°, x

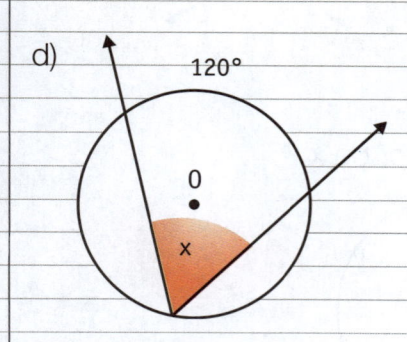

e) x + 30°, 80°

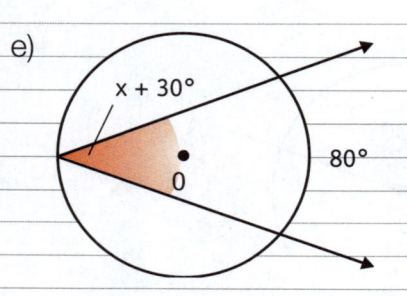

f) x, 110°

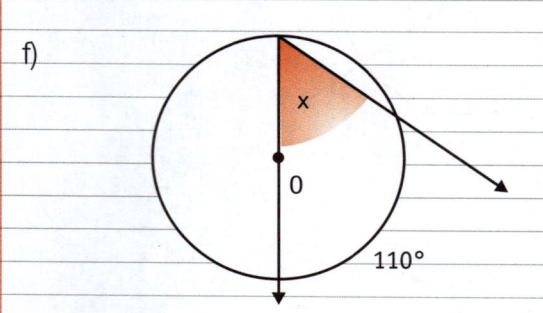

37. Calcule os ângulos assinalados.

a) a, b, 40°, 90°

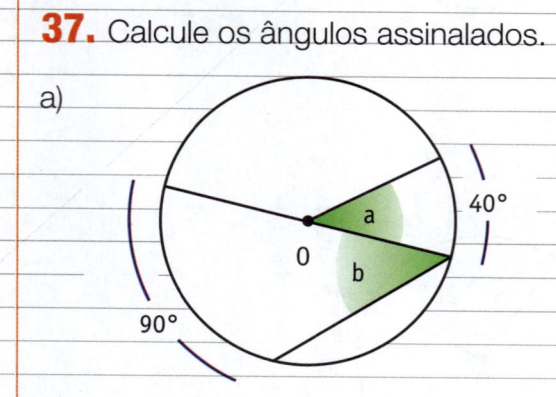

b) 100°, 80°, a, b, 0

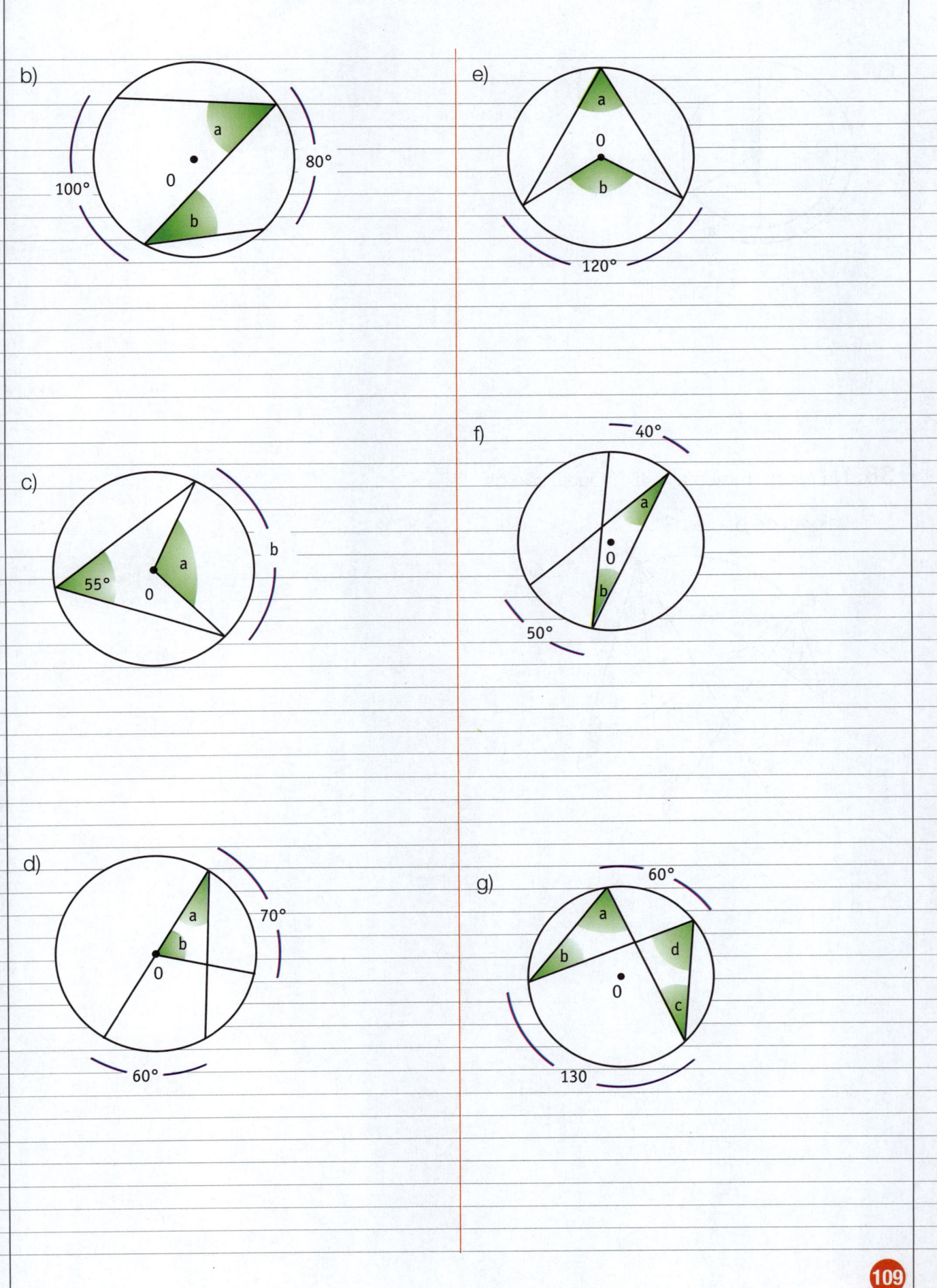

c) 55°, a, b, 0

d) 70°, 60°, a, b, 0

e) 120°, a, b, 0

f) 40°, 50°, a, b, 0

g) 60°, 130, a, b, c, d, 0

h)

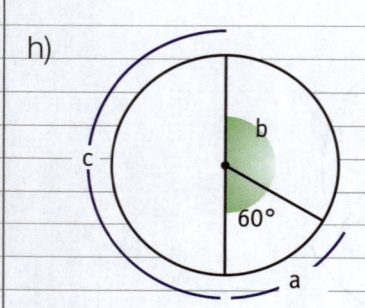

38. Na figura, temos a = 40°. Quais são os valores de b, c e d?

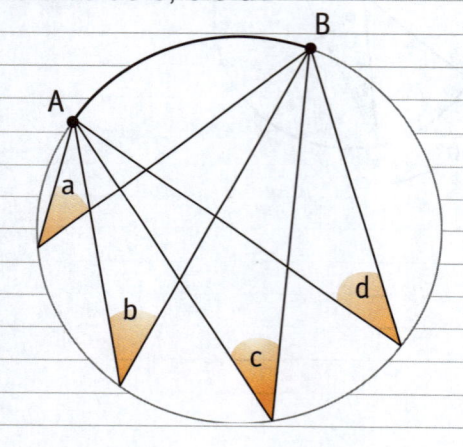

11. Sólidos geométricos

Cubo

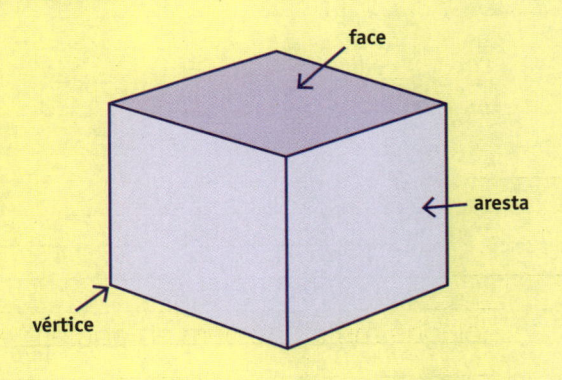

vértice, face, aresta

Vértices (V) = 8
Arestas (A) = 12
Faces (F) = 6

Prisma de base triangular

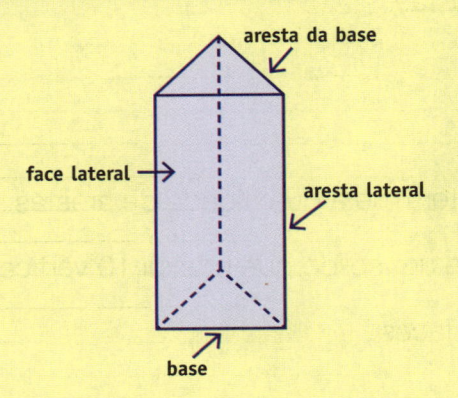

aresta da base, face lateral, aresta lateral, base

Vértices (V) = 6
Arestas (A) = 9
Faces (F) = 5

Paralelepípedo

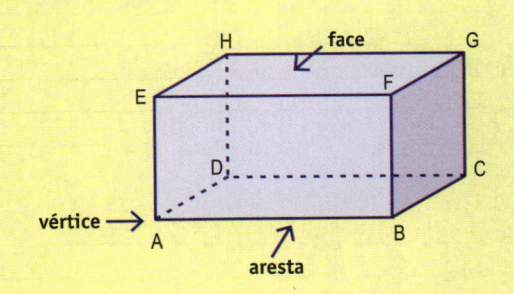

vértice, face, aresta

Vértices (V) = 8
Arestas (A) = 12
Faces (F) = 6

Pirâmide de base quadrangular

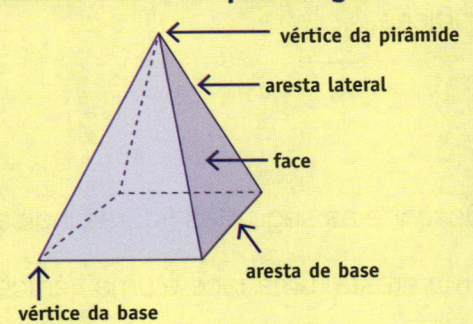

vértice da pirâmide, aresta lateral, face, aresta de base, vértice da base

Vértices (V) = 5
Arestas (A) = 8
Faces (F) = 5

Relação de Euler

Para determinar a quantidade de vértices, arestas ou faces de um sólido qualquer, utilizamos a relação V + F = A + 2, conhecida como relação de Euler.

Exemplo:
Vamos determinar a quantidade de faces de um sólido que tem 22 arestas e 12 vértices.
Sabemos, pela relação de Euler, que V + F = A + 2.
Substituindo os valores dados na relação, temos:

12 + F = 22 + 2

F = 22 + 2 − 12

F = 12

39. Determine a quantidade de vértices de um sólido que possui 17 faces e 28 arestas.

40. Determine a quantidade de arestas que um sólido que possui 10 vértices e 14 faces.

41. Determine a quantidade de faces de um sólido que possui 10 arestas e 6 vértices.

42. Desenhe as seguintes figuras indicando uma aresta, uma face e uma vértice em cada uma delas.

a) paralelepípedo

b) prisma

c) pirâmide

12. Corpos redondos

Corpos redondos são sólidos geométricos que apresentam superfície não plana. São corpos redondos a esfera, o cilindro e o cone.

A esfera não tem superfície plana.

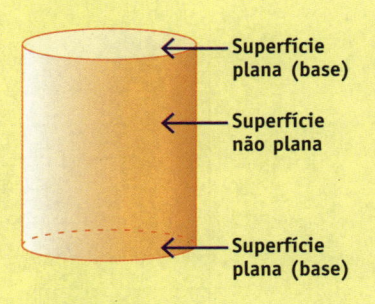

O cilindro tem duas superfícies planas (bases) e uma superfície não plana.

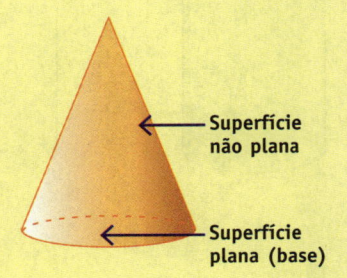

O cone tem uma superfície plana e uma não plana.

43. Escreva o nome de dois objetos que lembram cada corpo redondo apresentado.

a) uma esfera

b) um cilindro

c) um cone

44. Qual das figuras representa a planificação de um cilindro?

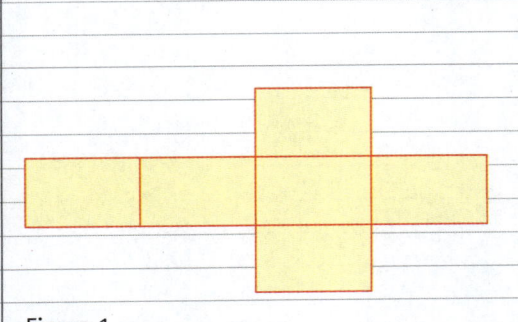

Figura 1    Figura 2 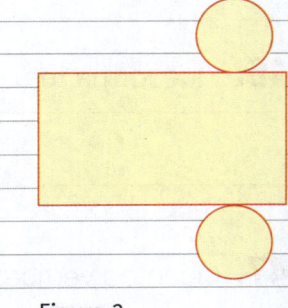   Figura 3

Resposta:

Elementos dos corpos redondos

Cilindro

Base

Altura

Cone

Vértice

Altura

Base

Esfera

Centro

Raio

45. Que forma têm as bases de um cilindro?

46. Que forma tem a base de um cone?

47. Quantos vértices tem um cone?

ESPAÇO RESERVADO PARA ANOTAÇÕES E EXERCÍCIOS DE REFORÇO